直播间的故事

关于婚姻家庭、职业发展和
亲子关系的女性智慧之书

杨文利 / 著

中国出版集团
中译出版社

图书在版编目（CIP）数据

直播间的故事 / 杨文利著. -- 北京：中译出版社，2023.9
　　ISBN 978-7-5001-7416-5

Ⅰ.①直… Ⅱ.①杨… Ⅲ.①女性—心理学—通俗读物 Ⅳ.①B844.5-49

中国国家版本馆 CIP 数据核字（2023）第 087011 号

直播间的故事

著　　者：杨文利
策划编辑：刘　钰
责任编辑：刘　钰
营销编辑：赵　铎　王珩瑾　魏菲彤　刘　畅

出版发行：中译出版社
地　　址：北京市西城区新街口外大街 28 号普天德胜大厦主楼 4 层
电　　话：（010）68002494（编辑部）
邮　　编：100088
电子邮箱：book@ctph.com.cn
网　　址：http://www.ctph.com.cn

印　　刷：北京盛通印刷股份有限公司
经　　销：新华书店
规　　格：1230 mm×880 mm　1/32
印　　张：9
字　　数：140 千字
版　　次：2023 年 9 月第 1 版
印　　次：2023 年 9 月第 1 次印刷

ISBN 978-7-5001-7416-5　　　定价：69.00 元

版权所有　　侵权必究

中　译　出　版　社

书中案例均源自我的直播间,但有删改

如有雷同,纯属巧合

前言

重启底层逻辑，提升自我认知

亲爱的姐妹，首先恭喜您能有机缘翻阅这本书，我希望每一位认识汉字的女性都能有缘看到这本书，原因主要有3点。

首先，这是一本您不得不读的书。我从婚姻、职场和亲子3个维度阐述了经营婚姻的智慧、职场发展的底层逻辑和亲子的教养法则。每个维度分享了8个底层认知，一共24个。任何人，只要疏忽了这些底层认知，就很难不面临婚姻的挑战、亲子教育的困扰和职场发展的阻碍。所以，为了少走弯路、避免承受认知缺失造成的痛苦，您不妨静下心来、拿起笔，好好看看这本书。

其次，这是一本可读性非常强的书。我在讲述每一个底层认知之前，都结合了实际案例，一共39个真实女性的故事。当然，为了保护故事主人公的权益，我对其姓名、年龄、职业类别、喜好和所在城市等多个细节做了修改，如有雷同，纯属巧合。书中的每一个故事都很经典，均来自我的直播间连麦的粉丝。您将走进39位女性的内心，感受她们的困惑与苦恼，并领略我对这些故事的解读和分析。

最后，这是一本性价比很高的书。您不仅能读到39个直播间的故事和我的解读，还能迭代陈旧的婚姻观、职场观和亲子观（我在婚姻篇、亲子篇和职场篇之前分别写了3篇文章，它们是《是时候更新你的婚姻观了》《是时候更新你的职场观了》和《是时候更新你的亲子观了》）。如此，通过对一手故事富有逻辑的解读，从而使读者观念得到更新，见识万千女性的真实生活状态和思维的迭代，使本书既有可读性，更有切实的收获。

关于我为什么要出版这本书，我也简单介绍一下，主要有以下3方面的原因。

首先，我的直播间有很多人不仅喜欢听课、听我连麦，也喜欢阅读。每次在我下播的时候，大家都直呼不过瘾，还想看，所以我就有了写这本书的想法。尽管我以前也出版了几本书，但从来没有采用过这种方式：先讲述直播间的真实故事（甚至有些会用第一人称讲述），再来深度剖析问题和提供解决方案。这种写作方式很有可读性，一个又一个故事，让人读起来欲罢不能，再配上恰如其分的讲解，真是引人入胜，一定会让你爱不释手。

其次，我是一名职业培训师，非常热爱分享。但是，还有很多人不太了解我，我每天都会免费在直播间进行女性内在成长的相关主题讲座，我想，为什么不让更多人来学习呢？所以，我也想借助出版社的影响力，让更多人知道我的存在；我更想借助每一位阅读

前言

过这本书并认可这本书的读者自发地传播，让更多人来到直播间，与大家一起共享知识盛宴。每一次听到有粉丝说通过学习，在生活的某个方面得到了改善，我就感觉特别美好。愿这份美好每天都能发生，这样活下去，真好。

最后，我此生致力于研究女性心理，愿意通过自己的努力为更多女性解决内心的烦恼。我每天都需要备课、讲课和连麦，每天也很有成就感，但我仍需要继续学习和进步，而写作无疑是一种非常好的学习方法。在我整理每一个直播间的故事时，我都会重新审视问题的本质；在我写下对每个故事的解读时，都不得不重新审视我当时的第一反应，虽然多数情况下，我都能直指问题的关键，但也会忽略一些细节，更难兼顾逻辑、次序和措辞上的美感。所以，每当写完并整理好一个故事的解读后，我都得到了进一步提升，甚至经常暗自思忖：大家看完我的书，再去我的直播间连麦，该不会失望吧！总之，我对这本书很满意，也让我身边的亲友试读过，所以，我满怀信心，也期待着您能给我更多反馈。

最后，关于如何阅读这本书，我推荐两种方法。

第一种：您可以首先查询目录，从任何一个您感兴趣的章节开始阅读。比如您对某个故事很感兴趣，那您就去看这个故事，再基于好奇心，看我对这个故事如何解读，最后查询一下，这个故事隶属于哪个章节，把相对应的底层认知标出来，加深印象。

第二种：您也可以先阅读三篇关于迭代价值观的文章，看您是否认同我的观点，然后再带着认同感或疑问在故事里找线索，或者带着质疑去解读里找为什么。阅读完任何一篇文章后，一定要记得返回目录，用笔标注一下，代表您已经读过了。这样一来，您就会很有成就感，也能增强进一步阅读下去的意愿。

总之，希望大家能够享受阅读的过程，能够通过阅读拓展认知，变得更智慧、更幸福。还有，如果您也有故事和问题，欢迎您随时来找我。

我等您，我们不见不散！

目录

第一部分　婚姻的故事和经营智慧　/ 001

是时候更新你的婚姻观了　/ 003

1. 安顿好内心的恐惧，才能感受到婚姻的幸福　/ 018

    故事　　一个为老公操碎了心的老婆　/ 018

2. 拒绝原生家庭的代际传递，守护幸福的婚姻　/ 024

    故事　　一位嫁给富二代却不被祝福的女性　/ 024

3. 爱的深意是共情对方，成长自己　/ 030

    故事 1　一位富家女的委屈　/ 030

    故事 2　一个遭遇博士丈夫冷落的女人　/ 034

4. 化解冲突是挽救婚姻的重中之重　/ 041

    故事 1　一个再婚 9 年却无法忍受冲突的女人　/ 041

故事 2　一个和前夫复婚却不得安生的女人　　/ 045

5. 理顺家庭财务，才能增进夫妻感情　/ 050
　　故事　　一位二孩儿妈妈的窘迫　　/ 050

6. 深入了解对方，才是真正的爱　/ 055
　　故事　　一个有情感洁癖的女人　　/ 055

7. 忠于自己，才可能幸福　/ 060
　　故事 1　一个"忍"出乳腺癌的好女人　　/ 060
　　故事 2　一个长期承受语言暴力的女人　　/ 064
　　故事 3　一个知道丈夫有违法行为的女人　　/ 068

8. 掌握离婚的智慧，才能把损失降到最低　/ 072
　　故事 1　一位守候异地婚姻 16 年的女性　　/ 072
　　故事 2　一个站在离婚边缘的女人　　/ 076
　　故事 3　一个比自己丈夫小 15 岁的傻姑娘　　/ 081

第二部分　职场的沉浮和发展逻辑　/ 087

是时候更新你的职业观了　/ 089

1. 能干，更要高情商　/ 108
　　故事 1　一个不会请假的项目主管　　/ 108
　　故事 2　一位业绩突出、评优却屡屡失利的女性　　/ 111

2. 明确职业生涯规划，才能少走弯路　/ 116
　　故事 1　一位面临职业发展瓶颈的资深保险人　　/ 116

故事 2　一位资深法语翻译的转型困惑　/ 119

故事 3　一位迷迷糊糊的未婚女性　/ 123

3．努力工作不只是为赚钱，更是为健康和自由　/ 127

故事　一位 31 岁就有职业病的美甲师　/ 127

4．转型，首先要储备可迁移的底层能力　/ 131

故事　一个大区负责人的执拗和困惑　/ 131

5．想在职场顺风顺水，先要警惕三大剧毒观念　/ 136

故事　一个吃苦耐劳的服装导购　/ 136

6．面对家庭的牵绊，职业发展该如何抉择　/ 141

故事 1　一个想要重返职场的生意人　/ 141

故事 2　一个想离婚却被公婆反对的女性　/ 144

7．正向树立自身的权威，而非压制或恐吓　/ 149

故事　一位愤愤不平的副总　/ 149

8．走进领导的内心，才能被器重　/ 153

故事　一位力挽狂澜却不被重用的常务副总　/ 153

第三部分　亲子的困惑和教养法则　/ 157

是时候更新你的亲子观了　/ 159

1．承担母责，让这份负担成为生命的礼物　/ 180

故事 1　一位草率的医生妈妈　/ 180

故事 2　一位向孩子隐瞒自己再婚消息的妈妈　/ 183

故事 3　一位两度离异的糊涂妈妈　　/ 186

2. 守好边界，让爱的种子在别处生根发芽　/ 190
　　故事 1　一位全职妈妈的焦虑　　/ 190
　　故事 2　一位优秀企业家母亲的烦恼　　/ 193
　　故事 3　一位退休妈妈的烦恼　　/ 195

3. 守护孩子更长远的幸福，避免弄巧成拙　/ 200
　　故事 1　一个亢奋浮躁的丈母娘　　/ 200
　　故事 2　一个尴尬又狼狈的母亲　　/ 204

4. 强大心性，别让自己成了孩子最大的灾难　/ 208
　　故事　　一个焦虑不安的妈妈　　/ 208

5. 做个温柔的妈妈，孩子才能更有涵养　/ 213
　　故事　　一个忧心忡忡的妈妈　　/ 213

6. 系统实施自主性教育，培养有主见的孩子　/ 219
　　故事　　一个担心女儿太没主见的海归妈妈　　/ 219

7. 正确看待孩子撒谎，真正走进孩子的内心　/ 224
　　故事　　一个因儿子撒谎而诚惶诚恐的妈妈　　/ 224

8. 唯有道歉和爱，才能化解心结　/ 230
　　故事　　一个有"毒"的母亲　　/ 230

粉丝真诚感言　/ 237

第一部分

婚姻的故事和经营智慧

是时候更新你的婚姻观了

我是一名职业培训师,自幼嗜书如命,十几年来一直靠讲课为生。我很荣幸收获了很多学员的信任,所以见证过很多不幸的婚姻,更帮助了很多人挽回他们的婚姻。尤其是做直播以来,粉丝连麦的问题大多数都是婚姻问题。当一个又一个鲜活的案例映入眼帘,我意识到一个非常重要的问题,那就是我们的婚姻观需要更新了。我们不能单纯地学习所谓的经营婚姻的技巧,因为每对夫妻的情况不同,很难有适合每个人的普世技巧。我先举个例子:在这个例子中,你很难说谁对谁错,但这个妻子真的感到自己很心累;这个丈夫也真的感觉自己很愤怒、很憋屈。

◆ ◆ ◆

39岁的李敏在一家国企单位上班,和41岁的丈夫共同养育着一个12岁的男孩,一家三口的生活平淡真实。在李敏40岁生日那天,丈夫送了她一套黄金首饰,包括项链和耳环。将近两万块钱的

直播间的故事

价签让李敏既高兴又心疼。以下是李敏40岁生日当晚发生的对话。

李敏的丈夫笑盈盈地看着她,她忍不住念叨起来:"咱们以后有的是用钱的地方,金首饰这么贵,太浪费了!你在哪儿买的,还能退吗?你把发票给我,明天我抽空去退了吧!"

丈夫听完,有点儿不高兴,对李敏说:"退什么退,你为这个家操劳这么些年,我送你的,不用退。让你戴上,你就戴上!"

李敏听到丈夫对自己辛苦付出的认可,心里很满足,嘴上却坚持说道:"我有你这几句话就行,咱们俩工资加一块都不到1万块钱,你太浪费钱了!给孩子报个辅导班不好吗?赶紧把发票给我!别一天到晚乱花钱!"

丈夫这下有点儿不高兴了,反驳说:"这怎么能叫乱花钱呢?去年你生日没给你买礼物,你给我闹别扭;今年给你买礼物,你又说我乱花钱。你这人,怎么这么难伺候!"

李敏看丈夫迟迟不掏出发票来,干脆直接上前去摸丈夫的口袋,丈夫一把手把她推到了沙发上。可能丈夫的力度大了一些,所以她顿时觉得自己很委屈,人却待在原地一动不动,眼睛瞪着丈夫说:"我难伺候?那你去伺候别人啊!我又没让你给我买这么贵的东西,我用得着吗?我们单位就那么几个老女人,我戴给谁看!咱们家有多少家底,你心里没个数吗？你什么时候才能长大……"

李敏的话还没说完，12岁的儿子从卧室里打开门出来，大声喊道："你们有完没完！能不能别吵架了！还让不让人写作业！"说完，把门猛的一关，门上挂的圣诞花环还掉下来几片叶子。

李敏见状，心情彻底崩溃了，直接哭起来，丈夫看了她一眼，也转身走出了家。李敏听到丈夫的关门声后，腾地从沙发上坐起来，却没有力气站起来，心里有苦难言。就这样，一个好端端的40岁生日泡汤了……

你可能认为李敏和她的丈夫应该学习如何沟通，尤其她丈夫应该学会控制情绪，有话好好说。但是，他们的冲突背后是婚姻观的问题，根本不是学几句话术和舒缓情绪的方法就能解决的：

1. 李敏内在秉持的婚姻观是：过日子最好细水长流，我的丈夫应该心智成熟、考虑现实的生活问题，同时最好有一些温情和浪漫。
2. 李敏的丈夫内在秉持的婚姻观是：过日子开心最重要，我的妻子应该任劳任怨，对我的好应该感恩戴德，不能动不动就闹情绪。

总之，我们很难说李敏和她丈夫到底谁对谁错，因为大家都有各自的委屈：李敏觉得自己只是想省钱，好好过日子，丈夫感激自己为这个家的付出就够了；李敏的丈夫觉得自己送不送礼物都是个错，还反被妻子含沙射影，嫌自己赚得少，这才赌气离开家。

像她们这样因为婚姻观不同而冲突不断的夫妻有很多。比如：妻子下班后，接了孩子回家，一边张罗孩子写作业，一边在厨房做饭。结果妻子张罗了一桌饭菜，丈夫却迟迟不归，打电话还不接。于是，丈夫晚上回来后，妻子脸色很难看，抱怨他太自私，没有家庭责任感。但是，丈夫这边的工作确实太忙了，领导临时通知开会，手机根本来不及充电，统一放在"养机场"（很多企业流行的一种做法，为了避免大家开会的时候思想溜号，让大家把手机都放在一个单独的区域，散会才能拿走手机）。会后，领导还单独找他谈话，暗示下一个晋升人选就是他，让他好好表现。丈夫本想回到家跟妻子分享这个好消息，却只看到妻子难看的脸色，也就失去了分享好消息的心情。表面上看，这是因为妻子的不满和丈夫的疏忽报备，但实际上两人内在秉持的婚姻观完全不同：

1. 妻子的理念是，无论多忙，双方都应该密切沟通，不要浪费彼此的时间和感情。一通电话或一个信息就代表着家庭责任感，甚至是你心里有没有我的证明。

2. 丈夫的理念是，我好好赚钱养家，妻子就应该理解我，至于自己的一些疏忽，妻子如果有情绪，就应该自行消化。我可

> 没那闲工夫哄你，又不是刚谈恋爱那会儿了。

总之，存在于我们头脑当中摸不着看不见的婚姻观，每时每刻都在影响着我们的言行，让我们条件反射般地和伴侣互动（大部分时候，我们都只是做出反应，而非回应）。我们感受着每一次伴侣的反馈，如果对方的反馈和我们的婚姻观一致，我们就感觉很幸福；反之，就会感觉很不幸。我之所以倡导广大女性先行一步，更新自己的婚姻观，有 3 个原因：

1. 因为女性的价值感更多来自关系层面，所以女性比男性更重视婚姻。如果一男一女同时遭遇婚姻失败，女性的主观挫败感往往更强，承受的社会心理压力也更大。
2. 很多封建陈旧的观念仍牢牢地禁锢着现代女性，比如："男主外、女主内""嫁汉嫁汉、穿衣吃饭""不孝有三、无后为大"等。男性自幼就走上了尽管困难重重却唯一正确的路，那就是强大自己，将来好赚钱养家。相比而言，部分女性却显得不够努力，不具备舍我其谁的精神和直面生活的勇气。尽管现在不乏新时代女性，但总体而言，还有很多女性尚未觉醒。
3. 如果婚姻失败，很多现实问题都会拉低女性的幸福感和实际生活水准。比如，很多女性离婚后舍不得孩子，单亲妈妈群体日益庞大，无论是自身的职业发展，还是孩子的身心成长都会受到影响。

所以，谁将面临更大的损失，谁就先行动。变被动为主动，不逃避、不推脱，是智慧女性的做法。况且，自身观念的更新也没办法假以他人之手，只能靠自己。

陈旧的婚姻观："我们两个人都上班，他的工资不比我高多少。所以，他不讲理的时候，我凭什么要忍他？这样惯着他，我也太冤了！"

错误的内核：这种婚姻观看似很先进，也在努力追求男女平等，但其因果逻辑的背后依然是陈旧的婚姻观，"因为他赚得少，所以我忍得很冤枉"。换句话说，如果他赚得比我多，忍他就不冤？

正解：无论伴侣的收入和能力怎样，都应该用心对待。当对方不讲"理"时，就讲"情"。宽容而非纵容，因为只有放下防备、相互倾听、彼此了解，才能解除误会、化解冲突，增进而非消耗感情。所以，婚姻是现实的挑战，生活时刻准备考验我们，我们必须积极面对，和生活正面交手。从某种意义上来说，只有当我们感到对方不讲理时，才是我们修炼的好时机——正所谓"不打不相识"，事情说开了，误会解除了，心才会更近。

第一部分　婚姻的故事和经营智慧

陈旧的婚姻观："跟他结婚这么多年，他根本不懂我，也不知道我要的是什么！如果不是为了孩子，我早不跟他过了。好久以前，我就死心了！"

错误的内核： 抱怨往往是无能的表现。你们结婚多年，你没能力让他懂你，早早举了白旗，心灰意冷。这种看似平静、实则绝望的态度正是罪魁祸首，也是非常不可取的、消极悲观的生活态度。

正解： 你不能奢望嫁给一个人，对方就能自动明白你的心思。谈恋爱是门"艺术"，没有谁对谁错，只要你情我愿，怎么处都行。可婚姻是门"技术"，牵涉两个家庭和孩子，还有双方的朋友等社会资源。如果大家都由着性子过，感情就会支离破碎、四分五裂。所以，双方一定要注重沟通，想要什么就告诉对方，说得具体一些，因为婚后的男人往往懒得猜测女人的心思。比如周末晚上，你张罗了一桌好菜，他吃得尽兴，吃完就往客厅沙发上一躺。你看着来气，就直接走过去，用近乎命令的语气跟他说去把碗洗了，餐桌收一下！我做的饭，腿快要站不住了！你没有给他甩脸子，也没有在厨房里带着气摔摔打打。他如果不答应，你就撒娇、示弱、捣乱（不让他好好玩手机）；他如果答应了，不管他多么不情愿，你都别管，大不了下顿饭你点外卖，和孩子在外面吃了再回家。只有灵活坚持你的原则，他才能知道你的底线在哪里。如果你们两人生活多年，对方依然不懂你，那你真的要反思一下，但绝不能轻易放弃啊！因孩子会耳濡目染，长大以后，孩子在亲密关系中，也有可能和你们一样，遇到冲突不是去积极面对，而是逃避或放任不管，在仇恨中埋葬自己的幸福。

陈旧的婚姻观："我家那位不禁夸，你一夸他，他就'飘'。再说了，一个人如果真的很自信，也不需要妻子天天捧他呀！"

错误的内核：如果我们的夸赞够具体、有证据，对方通常不会"飘"，而是心情愉悦，之后还会把更多精力用来展示他被欣赏的品质。没有人不需要他人的肯定，因为这是人与生俱来的心理刚需，尤其是自己在意的人。美国作家马克·吐温曾经用夸张的说法强调过赞美的重要性，他说："只凭一句赞美的话，我就可以多活两个月。"可见别人的赞美对于他来说有多受用。连马克·吐温这么有名的大文豪都需要别人的赞美，你觉得你家那位需不需要你的赞美？

正解：首先，我们说一个人"飘"了，通常是说一个人骄傲自大，因为一点小成绩就不谦虚，说话办事总是忘乎所以，不把别人放在眼里。其次，如果我们担心夸赞会让伴侣"飘"，往往是因为我们没有掌握夸赞的要领，而不是不能夸赞。最起码，你在夸赞别人的时候要具体一些，比如你仔细留意他为家的付出，然后由衷地说:"亲爱的,我发现你辅导孩子写作业的效率比我高,昨天我用了 2 个小时,你 1.5 个小时就搞定了。你太厉害了!"再比如,你真诚地对他说:"亲爱的,我发现你身上有个特别值得我学习的优点,那就是勤俭节约。你看这件衣服,我记得是 10 年前买的吧!"这种指出具体行为的夸赞会增进对方的自我认知,也能传递你对他的关注和感激。最后,当你通过一次又一次的夸赞提升了伴侣的自信心时,他会被你激发,越发地表现那些特质,尤其在你面前,因为每个人都会下意识地让自己的言行和自我认知保持一致。面对其他女性的夸赞时,他才具备"免疫力",不为所动,因为他的心理刚需已经在家得到了满足。要知道,很多男人在自己的妻子面前总感觉自己百般不是,怎么做都是错,所以才会被别的女人几句好听话就骗得团团转,掏钱又出力。

陈旧的婚姻观:"婚姻是两个人的事,光我一个人努力没有用。凭什么不是他改变?"

错误的内核: 两个人都要努力,只有一个人努力是没有用的,所以大家都不改变好了。这就是这句话的内核逻辑。类比一下,加深一下你的记忆吧。假设你们的婚姻是一辆急速行驶的汽车,当你们开到每小时 120 千米时,发现刹车失灵了。假设刹车需要你们两个人共同按下一个按钮才能完成,你会怎么做?你会大声让他按按钮,还是自己先按下按钮,同时再喊他也按下按钮?一定是后者吧！所以，即使光你一个人努力没有用，你也应该去努力，因为你的努力至少增加了成功的概率。

正解： 幸福的婚姻的确是双向奔赴，但谁更痛苦，谁就具备更强的驱动力率先做出改变。虽然我们无法改变任何人，但我们可以改变自己，也可以通过改变自己影响别人。你尝试经营或挽回婚姻的言行是最强有力的信号，你的伴侣可以从中感受到你的态度，你是珍惜和重视婚姻的，这种行为的力量可以向对方传递信心。同时，我们要让自己更强大、提升经营婚姻的能力，最终结果也必然会是好的——要么婚姻质量大幅度提升；要么婚姻失败，但自己不留遗憾，因为你曾全力以赴，在以后的亲密关系中也更容易成功。

陈旧的婚姻观： "嫁对人，怎么都好说；嫁错了人，怎么努力都没用。"

错误的内核： 这种观点有 3 个常识性错误：一是人不会变，二是亲密关系没有可塑性，三是夫妻二人没有主观能动性。

正解： 你可能听到过有人抱怨自己的前夫多么糟糕，但你很可能并不了解她的前夫。现在大多数夫妻都是通过自由恋爱结婚的，正所谓"不是一家人，不进一家门"，也就是说，你们二人在各方面的素质是不相上下的。可人是会变的,通宵打游戏的男人可能在有孩子以后变成超级奶爸、天天和哥们胡吃海喝的男人可能突然有一天不再喜欢应酬、每天游手好闲的男人可能会突然决定创业……如果你刚结婚就发现伴侣有致命的性格缺陷,你可以选择离婚,及时止损,这是非常明智的选择。但是,如果你和他生活了好多年,你再说自己嫁错人了,我只能说你是在推脱责任——因为夫妻之间是相互影响的,所有你对他不满的因素多多少少都是被你"鼓励"的。举个例子吧,一个年轻又漂亮的女孩儿嫁给了单位的一个同事,还是个小领导。她从小和母亲相依为命,听了太多母亲对她父亲的抱怨,她甚至不记得父亲长什么样,她骨子里对男人有一种不信任感。婚后,她总是担心丈夫会出轨,每天对丈夫查得特别严。她很听丈夫的话,很乖巧,丈夫让穿什么,她就穿什么;不让她参加的应酬,她就不去,但最终,他还是有了婚外情。她气愤地说:"我就是嫁错人了,还真是'怕什么来什么'。我就知道男人没有一个是靠得住的!"是吗?其实,她这样想只是一种潜意识的自我保护,为自己开脱而已。她婚前明艳照人、自信洒脱;婚后却失去了自我,处处迎合丈夫,但又像警察抓小偷一样盯着丈夫,并暗示丈夫对其他女性很有吸引力。她的丈夫只是验证了"投射性认同"的心理现象,简单理解就是你怎么看待一个人,这个人就会变成你心目中的那个样子。这种心理现象在亲密关系中非常常见,无论你嘴上怎么说,你的非语言信息都会出卖你的内心,所以,你越怕他做什么,他越有可能去做什么。总之，我以上只想让你承认人是会变的，且多年的夫妻之间不要相互抱怨，因为是你塑造了对方。婚姻失败往往不是一个人的问题，而是你们之间的互动模式出了问题。并且，无论多么登对的两个人结婚，都需要用心经营，这种主观上的努力至关重要，就像财富需要积累一样，感情基础也需要每天巩固。否认婚后努力的重要性，想要一劳永逸，这种观点显然是不对的。

陈旧的婚姻观："我根本没法和他沟通，怎么说他都不听！我们是要么不说话，一说话就吵架。"

错误的内核：抱持这种观点的人至少没有意识到 3 件事：（1）你们不是没有办法沟通，而是你的沟通能力有待提升；（2）夫妻之间不是谁一定要听谁的，而是要相互倾听，感觉到自己不被倾听的人自然会失去倾听对方的欲望；（3）婚姻中不怕吵架，怕的是不吵架和吵没有意义的架。

正解：亲密关系是超越一切人际关系之上的关系，这种关系会给双方的身心带来持久和深远的影响。要想拥有持久的、高质量的亲密关系，就需要双方持续经营，不能有丝毫的懈怠。而且，光有重视的态度还不够，还要有高超的沟通技巧，比如倾听、自我感受的表达、聚焦沟通诉求的提问、观察和共情力等。如果你除了冷面相对、吵架、冷言冷语、打击人、赌气冷战、回娘家和提及离婚，似乎没有更好的沟通方法。所以，你抱怨伴侣没法沟通，说明你是靠本能和原始的沟通方法横行多年的人。无论你丈夫多么爱你，长期面对你这种沟通方式，肯定会受不了。受不了又离不了怎么办？当然是闭口不语了，这完全是出于自保，你却给人家定性。我想你是忘了你们谈恋爱的时候了，那时的他不也是谈笑风生吗？对你也曾经甜言蜜语啊！是你把那个亲爱的他搞丢了！

陈旧的婚姻观："我都已经跟他结婚了，在家难道还不能放松自己吗？我为什么要对他温言细语，他对我也经常横加指责啊！我们总吵架不能都怪我一个人吧！"

错误的内核：家的确是让人身心放松的地方，但放松自己不等于放纵自己的坏脾气，尤其是我们的心性尚未成熟。尽管直接说出问题的真相不好听，但这就是写书的好处——你知道我不是针对你，但你能读到这里，也说明你内心很谦虚，愿意反思自己的问题。

正解：夫妻相的说法由来已久，大致意思是说，两口子在一起生活多年，会长得越来越像。这是肉身逐渐趋同的客观物理现象，神奇却真实的存在。既然长相都会变，更何况思维方式了。所以，夫妻之间势必会相互影响，但是谁的影响力更强呢？通常是内心更坚定的人，坚持自我的人。假设你丈夫总是对你横加指责，而你认为他这样是不对的，那么你就不应该被他影响，而是要反过来影响他，用你认为正确的沟通方式对待他，比如感激他的直言不讳，有则改之，无则加勉，不必动气。但是，多数人，无论男女，面对伴侣的指责，总是轻易启动内心的心理防御机制，出于自我保护，向对方发起反击，最后两败俱伤，感情越来越不好。所以，人生是一场修行，婚姻是一种挑战，我们可以在家放松心情、关照身体，更应该基于爱去尊重自己、完善自己，直到我们可以"随心所欲不逾矩"时，才能肆意地活。否则，我们的生活会因我们的任性妄为满目疮痍、一地鸡毛。我有位朋友，研究生毕业后，为了支持丈夫的事业和照顾孩子，选择了在家做全职太太。结果，她很快就意识到自己高估了自己，职场上春风得意的她竟然无法和婆婆融洽相处，在丈夫面前更是变得敏感多疑，她后悔中断了自己的职业发展。但是，一件事情改变了他们的婚姻关系，一位贵客在他们家住了将近两个月。出于尊重和礼貌，他们竟然一次架也没吵，孩子也格外乖巧。虽然有诸多不便，但一家三口的相处空前和谐，这让他们事后都很感慨。我这位朋友也得出了一个结论，那就是君子慎独，太放松，太自我，关系就会受影响。最后她笑着说："我只要一想到客房的那位贵客还没走，我就知道该怎么和丈夫、孩子沟通了"。

陈旧的婚姻观："夫妻之间要相互忍耐，有些事忍忍就过去了。"

错误的内核： 夫妻之间是要相互忍耐，但很多小事，忍来忍去，就成了大事。因为负面情绪积压在心里，不及时代谢、有效疏导，就会以难以预测的、破坏性的方式爆发出来，伤及无辜。

正解： 有些事过不去，夫妻二人就必须沟通，彼此理解和共情，日子才能越过越红火。成年人应该对自己的情绪负责，没有人有义务承担你的负面情绪和消极思想。婚姻中可以偶尔发泄和抱怨，但伴侣不是垃圾桶。这三句话务必记下来，遵照此执行，可以避免很多毫无意义的争吵。一要认真倾听内在的声音，所有的感受都在帮你认清自己、明确自己的心理边界。二要敢于平静但笃定地捍卫自己的边界，拥抱甚至制造良性冲突。如果你不知道自己的边界，你就不再是真正的你，而一个失去自我的人毫无魅力可言。三要在情绪上头时提醒自己，没有人故意要伤害你，尤其是在亲密关系中。你们本是相亲相爱的两个人，九成以上的矛盾都是误会和无心之过。你要给对方解释的机会，更要给自己积极正向的内在对话。

1. 安顿好内心的恐惧，才能感受到婚姻的幸福

////// **故事** 一个为老公操碎了心的老婆 //////

赵春今年45岁，和丈夫结婚已经18年了。她是初婚，她丈夫是离异，婚前有个女儿，她和丈夫结婚后生了个儿子。一家四口衣食无忧，在外人看来很和美。可赵春每天都有操不完的心，内心极其焦虑。

她说："当初跟他结婚，就是看上他有份稳定的工作，也有房子，长相也能接受。可是他人缘太好了，总是出去应酬。他说是谈生意，其实就是一帮狐朋狗友在一块儿吃吃喝喝，每次都把我气个半死才回来。最近，这种情况越来越严重，我半夜开车去找他，他才跟我回家。有人说我不爱他——我要是不爱他，就不会管他了。可能是因为他挣的比我多，我感觉自己特别敏感，没有安全感。他闺女大学都快毕业了，我们的儿子才准备中考。我跟他说过每天别那么晚才回家，会影响儿子学习，可他就是不听。以前，他一直把工资卡交给我，但是去年我买了套房子，写的是我自己的名。他怪我事前没跟他商量，

就把工资卡要回去了。虽然每个月还会固定给我转2万,但他不会理财,我怕他把钱都败光了——他以前就把钱借给过朋友,虽然朋友后来都还了,但是他都没跟我商量就借出去了。我这心里不踏实,我让他把工资卡给我,我把我的卡给他,我一个月好歹也有5 000元,可他就是不干。前阵子,他张罗着给别人介绍对象,结果他自己跟相亲女孩单独约上了。我让儿子教我查手机定位,之后他们被我抓了个现行——他居然跟这个女孩单独吃饭,大晚上的不回家,他们肯定有事!您说,这日子以后可怎么过?!我太累了!"

首先,我们先来分析一下你为什么感觉太累。

因为你怕,你怕失去丈夫的爱和目前这个家。目前的生活对你来说,来之不易。尽管你的丈夫曾经离异,带着个女儿,但他有工作、有住房、有远高于你几倍的工资,还有很多社会资源。所以,你清楚地知道,如果你搞不定他,你的生活水平将一落千丈。当然,正常人只要付出了真心,都会害怕失去,但你的恐惧已经呼之欲出,让你内心焦虑不安,无法放松下来,甚至怀疑丈夫和他人有染。

在这种焦虑不安的状态下,你对他的言行必有诸多不满,总觉得他哪里都不对——出去应酬不对,把钱借给朋友不对,把工资卡要回去不对,没有把每分钱都交给你不对,和其他女性单独吃饭不对……得到爱的唯一途径是付出爱,而付出爱唯一的途径就是让自己充满爱。但是，你的心、眼和手却充满挑剔、过度关注和管控压制的欲望。

你管他像管孩子，他防你像防小偷（跟异性约会，晚上一起吃饭），所以你累心。你对他各种要求，他对你阳奉阴违（说好按时回家，就是做不到）——所以你累心。你的内心是分裂的：一方面你不和他商量就买房子，似乎在积极地筹备，以防婚姻破裂；另一方面你又希望他对你开诚布公、毫无保留——所以你累心。

终有一天，你会身心俱疲到无以复加的地步，然后出现一种深深的无助感。所谓无助感，就是一个人在通过一系列的努力之后，依然失败，再无能量与现实抗衡后所感受到的情绪。此时，任凭别人如何提醒和激励你，你也认定自己无能为力。面对婚姻的挑战，当一个人产生无助感的时候，神仙也救不了他。所以，恐惧是一种心灵毒株，引导你走向"死亡之地"，除非你能够很好地安顿内心的恐惧。

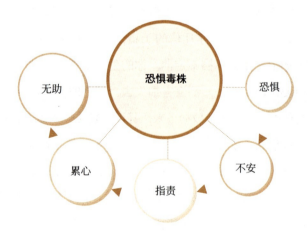

图 1-1

其次，安顿内心的恐惧是每个人的心理必修课。

如果你"死鸭子嘴硬"，不承认自己害怕失去，和丈夫继续逞强、耍横，那么你们注定将两败俱伤。很多女性不想承认自己的恐惧，似乎承认了就是认怂了，就会把丈夫惯坏——这种想法极其普遍，却错得离谱。假设你向丈夫证明了你不怕，你没他也可以好好生活，那他就没了价值感和存在感。一个在关系中感觉自己可有可无、不被需要的人，又怎么可能全情投入和你过日子呢？承认自己害怕不丢人，英雄也会害怕——但一边害怕，一边努力活出自己，这才是智慧女性。所以，承认自己害怕，也是勇敢的表现。

如果你多和其他人沟通一下，就会发现，谁都有软肋。你和我，我们都一样。恐惧是人类无法摆脱的情绪，这种情绪由来已久，也正是因为恐惧，我们才能活到今天。俗语道：小心驶得万年船。为什么小心？这还要多亏恐惧情绪的提醒。包括恐惧在内的所有情绪都是"信使"，它们从潜意识中来，出现在我们的显意识中。如果我们紧闭门户，不悦纳它们，它们就会在门外"撕心裂肺地喊叫"，导致我们被干扰，进而做出各种不理智的行为。但是，当你打开心门，让情绪进来，此时你会发现它们都是来帮你的。所以，情绪无好坏，关键在于引导。

亲爱的读者，如果你珍视自己的婚姻，深爱着自己的丈夫，请你务必真诚对待。一段关系质量的优劣需要双方都努力，你的努力占据了半壁江山，但你对自己都不真诚，对方再努力，最多也就50

分，不及格的水平。所以，要想感受婚姻的安稳和甜蜜，你必须不断地进行自我披露，简单理解就是告诉丈夫你内心的恐惧。告诉他你爱他、在意他，害怕失去他；让他知道，他的哪些言行让你感觉害怕——这就是捍卫婚姻最有效的方法。让他看见你的恐惧，而非被你的恐惧所伤。

尽管告诉他，他的反应也不一定就是你期待的那样，但至少你知道他了解你了，你也不用再辛苦地伪装自己。尽管告诉他，他也不一定会更加爱你，痛改前非，但至少你可以把注意力转移到自己身上，让自己变得越来越好——这是应对婚姻挑战最高明的招数。如果对方同样珍惜你，看到你内心的柔软，他就会更理解你、更加爱你。如果对方不在乎你，即使看到你的痛苦，他也会一意孤行，那你至少能看见真相。让自己越变越好，到哪儿你都不会吃亏。只有当你知道，即使离开婚姻，你和孩子的生活水平也不会一落千丈时，你才更有底气。

图 1-2

再次，如何让自己的婚姻越变越好？我认为要从三方面入手，这也是所有人都梦寐以求的三件事：健康、财富和幸福。请注意这三件事的顺序：健康的身体是一切的大前提；财富不一定要很多，但必须足以让我们解决生存问题，因为自古就有"贫贱夫妻百事哀"的说法；幸福紧随其后，在感恩已拥有的基础上，再去要求更多。

作为一个成年人，不论有没有婚姻，我们都需要有健康的体魄，所以，越是感觉日子过得糟心，越需要振奋精神去锻炼身体，运动可以让我们体内产生多巴胺和内啡肽，让我们快乐起来。

是近百年来，女性有了越来越多的学习机会，社会的就业机会也很多。工作就是人生最深刻的修行，你别忘了，经济基础决定上层建筑，家庭中，这句话也适用。

作为一个成年人，我们需要充分打开感官去体验生活，生活的本质就是体验，因为我们最后什么都带不走。多经历、多体验，才不白活。在平淡中感受幸福、从细微之处体会幸福是一种能力，当你充满爱时，你的世界就更加美好了。

总之，你是幸运的。在各种管控压制的言行之下，你的丈夫还能对你不离不弃，和你携手走过18年的风风雨雨，实属不易。你也具备相当的智慧，可以内察到这一切缘于自己内心的敏感。所以，好好生活，安顿好内心的恐惧，你就能感受到更多婚姻的幸福与美满。

2. 拒绝原生家庭的代际传递，守护幸福的婚姻

////// **故事** 一位嫁给富二代却不被祝福的女性 //////

倩倩出生在一个普通家庭，经济条件比上不足、比下有余。她有个弟弟，所以从小就有大姐范儿，人也很要强，什么事都要办得像个样子。大学毕业后，她如愿以偿地进了一家国企上班，父母都以她为荣为傲。但是，她弟弟的学习成绩很一般，只上了个大专，一直也没个稳定的工作，倩倩总得帮衬弟弟。当年，她一进单位就被很多人盯上了，尤其单位的一群大姐，纷纷喊着要给她介绍对象。倩倩不胜其扰，就直接问男朋友："要不然结婚吧，受不了这帮大姐了！"男朋友说"结就结"，于是他们各自通知了父母。不曾想，他们的父母都反对这桩婚事，原因很简单：两人的家庭背景悬殊太大。她的男友家世世代代做生意，在当地是隐形富豪。倩倩之前居然不知道！她父母怕女儿嫁过去以后受委屈，而男友的父母更想让儿子找个可以帮衬家族生意的女孩。说白了，就是嫌倩倩家穷。倩倩对这件事一直耿耿于怀，她骨子里要强的性格和维护自尊的执念让她

第一部分 婚姻的故事和经营智慧

婚后的生活很心累。

她说:"我跟老公是小学同学,后来一直就没再联系过,大学毕业以后才又遇见他,他当时追求的我。我感激他能不顾父母的反对和我结婚,我们当时算是真爱吧,也都很单纯。我当时发过誓,绝对不伸手向双方父母要钱,我们的日子我们自己过,谁也不靠谁!我只图他对我好。他在一家国企上班,我们刚开始租房子,他把工资都交给我。后来我们攒钱买了房子,慢慢还贷款,再后来又买了车。这期间,我们偶尔会回去看公婆,公婆住在郊区,但我特别看不惯婆婆,她总想让我什么都听她的,还说女人就得忍耐丈夫、支持丈夫。尤其是生完孩子以后,我们都上班,肯定得让他们帮忙,但他们说不可能跟我们住一起,只能让我们把孩子送到他们郊区的家里。那怎么可能呢?所以,我只能找保姆,而且不满意可以换,也不用看婆婆的脸色。婆婆却觉得我这是跟她置气,说我活该受累。后来,我们又生了二宝,有阿姨也忙不过来了,我们就跟公婆说,但他们还是让我们把孩子给他们送过去。我一生气,就让老公把工作给辞了。我工资比他高,他也同意辞职,可能他从小家庭条件好,比较追求安逸,没那么在乎工作吧。很快,公婆知道了我老公辞职的事,然后就不干了。他们打电话反复劝说,最后,我老公说除非他们来帮我们带孩子,他才肯上班。就这样,现在公婆在我们家帮着带孩子,再加上保姆,我老公这才又去上班。我老公有两个哥哥,他是老小。两个嫂子也都是当地有钱人家的孩子,家里也都是做生意的,但我和她们不一样,我不可能说话柔声细气的,实在没办法满足婆婆的要求。我现在纠结要不要离婚。公婆提出的方案是在我们小区再买一套房子,他们自己住,方便帮我们带孩子,同时也避免住一起引发矛盾,但我不同意。我每天上班很累,回到家也特别累,我真的没占他们家一分钱的便宜。您说,这样的婚姻还要继续吗?"

首先,婚姻是否要继续,你只能自己下决定,但你痛苦的根源到底在哪里呢?只有找到根源,才能根除痛苦。在我看来,根源不是你公婆有钱或强势,不是你丈夫不够爱你,更不是你原生家庭的问题,而是你自己的内心太紧、总想跟现实较劲。这种极力要维护自尊的意识,让你"骄傲"到无法低头看清周围人的心。一方面,当见过真正有钱人的生活,相形之下,你很快就能意识到自己的贫穷。贫穷是"原罪"——尽管社会上还有很多穷人,但愿意为了理想拼搏、走正道、努力发展自己就都是好样的,因为贫穷会让人内心生出愤恨和自卑。我们谁都没有办法改变自己的原生家庭,所以,对于这一点,你无能为力却想赌气活出尊严。另一方面,你应该很难融入两个来自富有家庭的嫂子,她们随便一个眼神和语气就可能刺痛你敏感的心,所以你的潜意识才总想切断你丈夫和他原生家庭之间的联系(尽管你未必承认,因为你可能意识不到这一点)。当然,你的确要承担更大的压力,因为你明明知道公婆看不上你和你的家庭，你还得和他们"亲如一家"地在一起生活，真心不容易。但这就是婚姻，它不是两个人的事，而是两个家庭的融合。你能做的，就是放开怀抱，活得真实而非完美。丈夫就是你后天选择的亲人，你要掌握一系列调试内心、管理情绪的方法，才能呵护好内心的幸福和这个来之不易的家。你"又穷又硬"，内心从未放松，所以才会感觉特别累。

其次，站在你丈夫的角度看待这个问题，问题就完全变了模样。他见过小小的你，读小学的你，一份喜爱之情早就种在了他的内心。读了那么多年的书，见过形形色色的人，他依然钟情于你，愿意和你走进婚姻——这一点毋庸置疑，这就是真爱。他的父母为他操劳半生，甚至他的两个哥哥也可能曾劝他别太单纯，找个有钱又有貌的，把你放下。但是，他毅然决然地和整个家庭对抗，只为和你在一起，即使过最普通的打工人的生活。从小衣食无忧的他跟你一起租房子，把钱都交给你，这不仅是爱，更是决心。你想到离婚的同时，想过会伤害这份真情吗？后来，你和婆婆在抚养孩子方面的所谓"较量"，他义不容辞地站在你这边，让他辞职就辞职。试问：有几个男人能做到？为了支持老婆，他选择辞职；为了让老妈服软，他又去工作。如果你说要放弃，他为了和你生活在一起的所有努力都有可能瞬间化为激愤，发自灵魂深处的呐喊："你到底想怎样？！"亲爱的，请你悠着点儿，对于丈夫的爱和情谊，要像对待银行里的存款一样，别总是零存整取！透支账户可是要交手续费的！你很累，我相信，但我仍要提醒你，他也不容易，而且值得珍惜。

再次，你现在也是两个孩子的妈妈了。我想让你试着读懂公婆的心思，我们对别人越理解，就越能拥有包容对方的能量。你的公婆辛苦半生打下一片江山，三个儿子的教育也很成功，至少你丈夫没有炫富的毛病（不然你不可能在和他谈婚论嫁时还不知道他家很有钱），更没有在你两度怀孕和生产期间拈花惹草——这本来就是忠于婚姻的本分，但很多人做不到也是客观事实。做过大生意的人都知道，公司的规模越大，养的人越多，越需要考虑扩大生产规模，提高管理效益。所以，通过孩子的婚事联结合作伙伴或竞争对手，把自己的企业做大，这种想法本就无可厚非，只要两个孩子也是真心相爱就行。可是，到了老三这儿，他们的愿望落空了，虽然他们表示了反对，但最终你们还是结婚了。你们和公婆并未彻底决裂，就说明他们没有太过分。尤其是现在，他们一点一点地让步，到最后决定在你们附近买房子住下，帮你们照顾孩子，你丈夫一定是最让他父母操心的孩子了。可怜天下父母心，面对孙子和孙女，他们才做出了这样的让步。所以，为了孩子，暂时忍耐吧！不要因为你无法忍受面对公婆的厌烦情绪，就和丈夫离婚，这样对你丈夫不公平，对孩子很残忍，也会伤了公婆的心。

总之，即使当初不被祝福，在公婆的一再妥协之后，你也要做适当的让步。任何人都可以不祝福你，但你要祝福你自己，祝福两个孩子，让他们不受你内心这些不良情绪的影响，让他们感受到大家庭的温暖，享受正常家庭的成长环境。因为每个人来到这世间，都不只是要续写父母的生命，更是要抚平原生家庭的创伤，进而谱写属于自己的新篇章。所以,每个母亲都应该清醒地意识到这个事实:我们有义务管理好自己的情绪和负面思想,即时用科学有效的方法舒缓和代谢它们,别让它们影响我们的生活。心魔不除,爱就无处安放,幸福婚姻就会幻化成泡影。

3. 爱的深意是共情对方，成长自己

▍▍▍▍▍▍▍ 故事 1　一位富家女的委屈 ▍▍▍▍▍▍▍

雪燕父亲早年间就过世了，庆幸的是她有位优秀的母亲，经营着一家大型贸易公司。所以，她自幼被母亲好吃好喝地养大，从不缺衣少食。虽然雪燕学习一般，但也顺利考上了大学，并在毕业后没几年就和大学同学结婚生子了（目前儿子6岁）。母亲总是接济她，所以她婚后一直没去找工作，一门心思在家带孩子。但是，她和丈夫的感情却渐生裂痕。后来母亲过世，给她留下一大笔遗产和几套房产。她和丈夫的冲突却越发激烈，感情几乎破裂。说起婚姻，她几度哽咽，似乎有很大的委屈。

她说："我爸过世得早，也没给我讲过择偶的重要性，所以我才稀里糊涂地把自己嫁了。我丈夫家里条件一般，公婆身体不好，他们也没帮着带过孙子，我全靠自己。头两年，我妈过世后，我每天以泪洗面。丈夫白天要上班，也不能很好地安慰我。我也不知道自己怎么了，家里的钱都被我败光了。有人说我是报复性消费，或许

吧！但我真的没办法控制自己。我努力过，但投资了几项生意都失败了，我也不想这样。我丈夫总说我乱花钱，每天一副痛心疾首的样子。我花的是我妈留给我的钱，他凭什么对我指手画脚！就连我买件羽绒服他也说我——每年给自己添件新羽绒服不是很正常的事吗？！还有，餐具、厨具或床单被罩不好看了或者太旧了，我就买新的图个好心情，他也说我。你说万一哪天我死了，这钱不就白白便宜了他的二老婆吗！有时候屋子里太乱，我让他收拾一下，他也不动，真能把人气死！现在孩子快要上小学了，我让孩子放学回家先写作业再玩。孩子不听、哭闹、发脾气，我正管教呢，他却在一旁说我不知道心疼孩子。他每天下班回来就是跟在孩子后面，提醒孩子别光脚跑、别乱吃东西，婆婆妈妈的，让人心烦！虽然没什么大事，但他总跟我对着干。不过现在好了，由于工作需要，他必须长期去外地出差，这下挣得多了，也很少回来。偶尔打电话，我也没好气对他。我真的觉得自己太难了！"

首先，你是真的"太难"，还是"不够爱"，这个问题很难讲。因为爱的深意是共情对方，真诚地站在对方看待问题，而非只是站在自己的角度强说"难"。每个人的情感现实是不一样的。你的丈夫各方面都还好，值得你珍惜，只是你陷进自己的负面感受当中出不来而已。从表述上来看，你丈夫至少有三难：一是他娶了个富家女，他必须挣更多钱才能保持男人的尊严。事实上他也做到了，虽然要常年离开老婆孩子，这很不容易（别问我男人的尊严有那么重要吗？有！不要尊严的男人你也看不上）。二是他父母的身体不好，你的父母又都不在了，所以他才会像妈似的照顾孩子。这是一个内心柔软的好男人，也是个好爸爸。上一天班很累，下了班还能围着孩子转，真的不容易。三是你花钱没节制。无论继承了多少财富，不挣钱、没收入，还没什么理财能力，肯定会坐吃山空，到头来他还要养活全家。所以，他对你哀其不幸、怒其不争，可你根本不听。他真心不容易。所以，你很难，是爱的能力不够、不会经营婚姻，抑或其实你只爱自己，不爱他呢？这世上，有谁活得很容易？

其次，审视后成长，才是最有力的爱的表达。或许在态度上，你可以和丈夫分庭抗礼，内心仗着母亲遗留下来的巨额财富很硬气，但是你自己的赚钱能力有多强呢？当初你在大学成绩再好，这么多年你已经和社会脱节，你有底气吗？婚姻中，每一对夫妻都应该肩并肩，而非面对面。面对面是冲突不断、相互挑剔、指责打压；肩并肩是心心相印、相互支持、共同努力，都为家庭提供价值。你放弃了自己的发展，每天买买买。投资失败就是现实给你的教训；孩子不听话就是对你不合时宜的管教方式提出的抗议。丈夫离你最近，他不是亲人，却胜似亲人，他最了解你，所以才会说你（虽然态度可能不够好）。你却不反思，一意孤行，你这是在亲手策划你的婚姻悲剧，为孩子未来的生活蒙上阴影。人的生命和树木类似，如果不成长，就会枯萎。亲爱的，你的灵魂渴望成长，因为报复性消费也无法让你快乐啊！既然孩子马上就要读小学了，丈夫又常年不在身边，你真的应该尝试和社会联结，找份可以兼顾孩子的工作，不求赚多少钱，只求活出自我，只有这样才能让那个活泼明媚、积极向上的你回来，才能让孩子有切实的精神榜样。

再次，再深的感情也经不住冲突不断的磨损，加上现在你的丈夫长期在外地出差，更让你们的婚姻雪上加霜。振奋一下精神，从修炼自己的心性开始，把握每一次和他沟通的机会，控制情绪，通过改变自己的态度影响对方。与此同时，把你目前还剩下的财富分门别类列个清单：

- 家里还有几处房产，目前市值如何，是否需要抛售或置换？比如卖掉经济不发达地区的大房产，置换成发达地区的小房产，后者的增值空间更大。当然，这需要具体问题具体分析，但这些才是正事。
- 家里的现金还有多少，负债还有多少？比如消费债或任何未来要支出的项目，计算出你的净资产。
- 计算下家里每个月的固定开支，看看是否可以适当调整；评估整体家庭财务状况是否处于亚健康状态，并做适当的调整。
- 投资的首要原则是不亏钱，所以，建议你把母亲留下的遗产进行风险较低的投资并长期持有。
- 最重要的是，和丈夫沟通。对于自己没计划的花钱习惯，做深刻检讨并真心悔改。

总之，没有人是完美的，你和你的丈夫也不例外，但不到万不得已，千万不要轻言放弃。或许你内心对丈夫和他的家庭有诸多不满，因为你说你是"稀里糊涂地就把自己给嫁了"，但你们已经有了孩子，换一个男人就会更好吗？社会对于单亲母亲没那么友好，加上你的社会经验乏善可陈，被坏人欺骗、人财两空都有可能。不如从现在开始，用心经营这个家；共情丈夫，他也不容易，多说感激的话，想他就直接表达，不再通过"买买买"去疗愈内心的伤痛。学一些你感兴趣的技能，体会成长的喜悦；潜心研究亲子教育，给孩子真正适合的教养方式。

故事 2　一个遭遇博士丈夫冷落的女人

冉冉今年 35 岁，和丈夫结婚 8 年，他们有个 5 岁的女儿。在别人眼里，他们家是高知家庭，令人艳羡。冉冉在央企工作，收入稳定，能力也很强；她丈夫是旅英回来的博士，现在大学任教，是副教授级别；女儿更不必说，乖巧可人、聪明伶俐。但是，只有他们两口子自己知道，这日子说不准哪天就过不下去了。丈夫博士毕业后，回国找工作并不顺利。又考虑到刚结婚，他就选择了冉冉所在城市的一所高校任教——这对他而言，是一种莫大的牺牲，但冉冉从来没说过一句感谢的话。加上评职称很难，转正教授屡屡受挫，所以丈夫的心情很烦闷，有时候还会抱怨是"被老婆拖累了"。冉冉觉得自己很优秀，虽然她只是本科毕业，但工作体面，受人尊敬，不应该受这些委屈。尤其是婆婆经常絮叨，说自己儿子是博士，冉冉应该珍惜。冉冉很不高兴。刚过去的春节，本应是一家人团聚的好日子，冉冉的婚姻却遭受了重创。

她说："我们已经冷战快 1 个月了，我真的不知道该怎么办了！刚结婚的时候他把钱都交给我，不过那时候我挣的比他多。后来他工资待遇越来越高，有一天他突然就说不交了，还说国外很多夫妻都是 AA 制。好在我们家里的开支都商量着来，所以我也就没再争取了。结婚这么长时间，我们一直租房子住，女儿眼看要上小学了，还没个稳定的家，我总觉得亏欠孩子。前阵子，我给孩子报了个辅导班学英语，他说我浪费钱，非让我去退费。每到换季，我说给孩子买衣服，他都不舍得拿钱出来。反正后来家里的开支基本上都是我出，但他的收入比我多一倍。我问他存了多少钱了，要不要去看看房子，哪怕贷款买一套也行，他却说没钱。他父母没收入，哪怕他偷偷贴补，应该也没多少钱，所以我也就没说什么。但是，他的钱都去哪了？我不相信他没钱。这不，大年初二，我们领着女儿串亲戚，有亲戚给了孩子红包，我就收了，他居然问我钱放哪儿了！我没忍住，就指责了他。结果他说我刺激他，还把我推倒在沙发上，一副要跟我动手的样子。我心想，他凭什么！他学历高有什么了不起的，孩子和家里都是我在管，自己连个职称都评不上，就知道欺负老婆！我一气之下定了机票，带着女儿去了三亚。我给他发信息，说让他准备好钱，我要离婚。我只要他给我 300 万，我和孩子买套房子，他每个月再给孩子 5 000 元抚养费就行。我不再耽误他的前程，给他自由。他居然说我想钱想疯了，还把我给拉黑了。所以，我就给他发短信，我把积压在心里的话都倒了出来。当年是他追的我，他去国外读书，我等了他多少年，给他转了多少钱！虽然他在外面读书不容易，但我也放弃了很多机会，更没攒下几个钱。我忙完工作忙孩子，家里的事他从不过问，我工作也没精力好好完成。他评职称不顺利，是他自己不会来事，拉不下脸，关我什么事！我觉得他骨子里重男轻女，而且他真是白读那么多年书了。我真的不知道，面对这种要靠女人做出牺牲的婚姻，该如何走下去？！"

　　首先，既然你问如何经营婚姻，就说明你对婚姻依然抱有期待，想必也还爱着你的丈夫。我们拿公司的经营举例子，注册一家公司之后，我们得用心经营，不能想当然地认为万事大吉。登记结婚意味着我们愿意和对方携手，共同应对婚姻内的一系列挑战，而非逃避或单纯地出于本能去应对。经营婚姻的门道很多，更是很多亲密关系专家穷其一生探索的领域，本就没那么简单。不同时间段，公司的经营重点不同，刚开始可能是"活下来"，后来可能是"规范化管理"，再后来可能还需要调整方向，应对市场变化等。同样地，婚姻的经营也要经历认清自我、深入了解对方的本我和打造高质量的亲密关系等多个阶段。一个人在心性不成熟之前，建立的关系往往都是错误的。所以，我们先说说你的问题，看清自己是解决一切问题的前提。在上面你陈述的内容当中，至少有3个忌讳：

- 说话要就事论事，不能上纲上线或贴标签。他只是问你亲戚给孩子的红包在哪，你就直接告诉他钱在你这里就好，不应该联想到你们之间残留的敏感话题。尽管你对他之前的赚钱的能力很失望，尽管你之前付出了很多，但那是因为爱情，这是你情我愿的事，不应该总是反复提起。
- 他被你激怒以后推了你一把，居然直接把你和孩子推到了三亚。你这是典型的逃避问题，是你无法管理自己内在的情绪，比如愤怒、委屈、失望。准确地说，你当时是绝望里带着一丝赌气和倔强离开的。离婚和结婚一样，都不是一个人的事，你却站在道德的制高点上，通知他要离婚，还硬生生地摆出让对方进行财务补偿的要求。你想把事情搞大，但男人通常会逞强，做出一副谁怕谁的样子，所以他拉黑你——你们这是典型的情绪化的沟通，被负面情绪驱动，而非被目标驱动。
- 你不该大倒苦水，尽管都是事实，但也都是苦毒。你把对家的付出当成了你的资本，这样只会增加他的心理压力，生出逃避的念头，苦了你的心，毒了他的骄傲，伤了你们的感情。按照你们这种沟通模式下去，下一步就真该找律师谈离婚了，你现在却在问我你们的婚姻该如何走下去——这就是典型的心口不一、南辕北辙，你的实际做法和内心的诉求完全割裂，又怎么能有一个好的结果呢？

其次，爱的深意是能明确探查自己的内心，做到言行一致、忠于自我，同时能共情所爱之人。你是否能共情你丈夫的内心呢？他和你一样，经历了多年跨国恋，更为了和你厮守选择了你所在城市的一所高校任教，这的确是他为爱做的牺牲，就像你为他守候多年一样。婚姻的本质就是相互牺牲、彼此成就。但是，生活的烦琐最能消耗人心，你们的爱情在婚姻里被蹉跎、被消磨，现在已经面目模糊、奄奄一息。他能感受到你对他的失望、你对于自己学历比他低的自卑，也见过太多你在婆婆面前的不耐烦，更能敏锐地捕捉到他和女儿在你心目中的排序。这些事情都不足以伤害你们的婚姻，但桩桩件件累积之后，你的丈夫生出了自我保护的心，于是他更多地考虑到自己——这不是自私，而是一种自我保护心理机制。每一个刚开始愿意把工资如数奉上的男人都是愿意相信妻子的，而每一个后来改了主意的男人也势必体会了很多的失望。所以，他评职称失利，你应该支持他，而不是鄙视他；他因内心敏感引发冲突，你要知道那是提示信号，需要你们充分沟通，彼此靠得更近。你把他说得一无是处，让他毫无还手之力，即便你赢了辩论，也只会输了感情。

再次，高学历的人往往更骄傲，更不容易被他人影响。所以，你需要在他完全放松的状态下对他施加影响，而非激怒他、指责他。

具体说来，你可以：

- 和他当面约谈一次，鼓起勇气说出你以往做得不对的地方，感谢他对你的不离不弃——别怕这样会惯坏他，只要你是真诚的，你们的婚姻才有可能好转。也只有这样，你才能软化他多年来内心生出的老茧，这些老茧就是因你而生，为抵御你所有的负面反馈而来。所以，也必须由你来化解。
- 振作精神，写下你的自我完善计划，并让他做补充。告诉他，这世上你最信任的人始终是他，这世上最了解你的人也是他，所以，你想为了爱完善自我，你想真诚地听听他的意见——别觉得这样做没面子，这是一种主动和乐观的做法。我们没有办法改变任何人，但我们可以通过自己的言行影响别人。
- 基于未来，你要让他清楚你的态度，你对未来的规划里，他必不可少，你不能动不动就想把他排斥在外。婚姻中，女人要的是疼爱，男人要的是尊重。想让男人疼爱自己，就要有勇气展现内心的脆弱和恐惧，而不是故作坚强；想让男人感到被尊重，就不能总盯着他的缺点看，毕竟谁都不完美。只有双方都多说好话，才能有好的婚姻。

总之，冷战对于婚姻的杀伤力远胜过争吵不断。夫妻之间的冲突往往会经历3个阶段：刚开始矛盾不断，我称之为"死敌模式"。之后，其中一个人没激情了，不想吵了，就会滑向"独角戏模式"，另一个人喋喋不休、心力交瘁。最后，两个人都很疲惫，也都无计可施，便进入最危险的阶段——"死寂模式"。在死亡一般寂静的婚姻里，暗藏着彼此的委屈和痛心，两个人的内心回荡着多少撕心裂肺和气急败坏，恐怕只有当事人自己知道。所以，面对长期的冷战局面，若要挽回婚姻，必须共情对方，让自己成长。

4. 化解冲突是挽救婚姻的重中之重

故事 1　一个再婚 9 年却无法忍受冲突的女人

黄芬再婚已经 9 年了，和前夫生的女儿是她一手带大的，女儿现在已经 33 岁。9 年前，没上过大学的她认识了现在的丈夫，当时她感觉如获至宝，因为男方硕士毕业，而且人看上去很老实，不抽烟、不喝酒。于是，两个人认识不到 3 个月，就登记结婚了，但是 9 年来，他们冲突不断，这让她忍无可忍。

她说："他跟我一样，也是二婚，有个儿子，但是他们父子关系不好，很少来往，一见面就吵架。我真的是看走眼了，别看他人长得高高大大的，但心眼太小，一点儿亏都不能吃！记得我们刚开始约会的时候，他说去外面吃饭太浪费，就拉着我去菜市场买菜。不管买什么菜，他总要再拿人家点儿东西。如果老板不愿意，他就让人家退钱，说菜不要了，弄得我很尴尬。我当时可能被爱情冲昏了头脑，竟然没多想，觉得这是踏踏实实过日子的人。后来我们结婚的时候，他又跟拍婚纱照的商家吵架，起因是商家说得先交钱再给电子版照片。我很尴尬,当场就自己交了钱把他劝服了,他事后倒也没再说什么。再后来,在婚礼上,他又跑到餐厅前台跟人吵架,说人家多收了我们的酒水钱,没办法,我只好又自己花钱了事。婚后,我们天天吵。我真的累了,都这么大岁数了,难道我又要离婚吗?想想又觉得犯不上,都是些鸡毛蒜皮的小事。他工资比我的高几倍,我们又都各管各的钱,平常家里的开支都算我的,我心里很不平衡。我是高中学历,打了一辈子工,每个月的退休金不到2 000块钱。几年下来,我根本没攒什么钱,但我不敢跟他提,一提他就急。前一段时间,我女儿病了,我很想去看看女儿。女儿的家离我们就几站地,女婿出差不在家,外孙女又小。但是,他不让我去,说去了就别回来。有时候我急了,跟他吵吵,他就不吭声,我觉得他在对我冷暴力。我现在很恨他,因为女儿对我的意见越来越大,早知道我就不再婚了,一个人过至少不受这么多窝囊气。怎么才能不吵架啊?"

首先,我们的外在生活都是内心的展现。面对丈夫,你心里有种高攀不起的感觉,所以才会无底线地退让。如果当初你有属于自己的骄傲,就不会和他约会,忍受他当着你的面和菜市场老板发生争执这些事。在他心里,你就是主动"贴"上去的,他不会在你身上多花一分钱。你默许了这一切,他才越发变本加厉,你又感到心里极度不平衡。同时，他仪表堂堂又是高学历，为什么会看上你呢？你想过吗？因为你很"实惠"，不用他花钱，又能忍他的臭脾气和自私自利。所以，他之所以这么过分，其实都是你惯的。

其次，婚姻就像一根避雷针，会吸引周遭所有的压力源，如果婚姻的根基是坚固的感情，所有的压力源就会传导出去，不影响婚姻"大厦"的巍然屹立。而且，完全不吵架的婚姻往往暗藏危机，关键是要学会如何吵架，学会守护彼此的爱和缘分。显然，你和丈夫都不会吵架，所以，才让问题日积月累，积压在你的心头。今天，你依然可以向我清晰地讲述这些不愉快的细节。时光已经走远，你却怀抱着诸多不满和愤恨负重前行。所以，我来告诉你吵架的"心经"：

- 在双方愉悦的时候，约定吵架公约——我相信，你们吵了9年了，岁数也都不小了，他在生活方面也有对你的依赖，你并非一无是处。你要有信心和他商谈这件事。这是夫妻之间的底线，比如不能动手、不能大喊大叫、不能摔东西、不能翻旧账、不能骂对方的家人，只能就事论事、睡觉前一小时和刚起床一小时之内不吵架、在外人面前不吵架等。
- 每当你有冲动想和他吵架时，就想象你们的客房里住着一位贵客。你知道吗？每个成年人都低估了自己克制吵架冲动的能力。你们可以约定好不吵架的期限，并不断地挑战这个期限。比如今天不吵架，这一周不吵架等。如果能做到，两个人就可以做一件彼此都想做的事。

- 争吵需要两个人共同"努力",而停止争吵只要一个人就够了。能在意识到争吵之后停下来,就成功了一半。但是,接下来,另一半更重要的工作是要找机会,针对争吵的事由好好说说,不能不了了之。争吵会为双方带来不同程度的伤痛,这需要夫妻双方共同疗愈,不至于积压到以后。这里有个原则,那就是谁在争吵之后更难受,谁就主动去找对方谈,每个人都要对自己内心的感受负责。你要和他深入交流,避免以后总因为同样的事情吵架,而非求着他,这是不一样的概念。一样的话但不一样的状态可以传递不一样的信息,所以,主动说话不代表低三下四或认输,如果你吃不透这句话,就会任性、倔强,最后眼睁睁地看着婚姻走向失败。

- 如果你认为自己在吵架的时候说了过头话,就要主动道歉,但不要强求对方道歉。道歉时,最好不要使用"……,但是……"句式,否则你的道歉就显得很不真诚,是委曲求全的。要始终围绕你自己的言行和感受展开,而非指责对方的言行,只有这样,你们的交流才能深入下去,因为这种表达方式不会激发对方的自我防御心理。

- 对于婚姻中一味忍耐的女性而言,适当的发泄是可以的。说出你内心这些不平衡,让对方知道你心里也有数、也有尊严和底线。即使势必会一石激起千层浪也要说,你不为自己发声,谁又能了解你的内心呢?

再次，伤害婚姻的做法有 3 个："季军"是背叛，"亚军"是忽视，"冠军"是天天把离婚挂在嘴边上。因为不断重复的负面言论会在夫妻双方的内心形成某种暗示，所以，不要在气头上提离婚，尤其是天天吵架的夫妻。"狼来了"的故事妇孺皆知，喊多了，势必要独自面对"恶狼"了。

总之，内心有不平衡的感觉就是一个信号。听从内心的感受，用有效的方法去找回平衡，这就是在挽救你们的婚姻。停止争吵是迈向幸福婚姻的第一步，化解冲突才是挽救婚姻的重中之重。

故事 2　一个和前夫复婚却不得安生的女人

米娃今年 42 岁，和丈夫是高中同学，而且他们的父母都是一个单位的同事。所以他们一毕业就结了婚。两个人都有稳定的工作，婚后很快就生了两个孩子，一儿一女，小日子和和美美，羡煞旁人。两边老人都很积极地帮助小两口带孩子，生怕耽误他们的工作。米娃还好，还能搭把手，米娃的丈夫却已经被彻底排斥到家庭的边缘。很多男人就是这样出现婚外情的，明明是父亲，却不需要为孩子付出，对家也就没有太强的责任感。如果妻子又没兼顾夫妻感情，男人的心就开始飘荡。二宝不到 2 岁时，米娃的丈夫就出轨了。几年前的一个情人节，米娃在丈夫的车上发现了两份一模一样的礼物。丈夫送给她礼物时，她本想做出高兴的样子，但心如刀割。

她说："当时，我根本控制不住自己，眼泪一直流、一直流。他还装糊涂,直到我把车上的另一份礼物拿到他面前,他才承认。他说是因为自己太寂寞了。我每天忙工作、忙孩子,还得看婆婆的脸色,心力交瘁,他居然说他寂寞。我一狠心,就跟他提离婚,他也同意了,后来我们就偷偷办了离婚手续。他说是他对不起我,所以就选择了净身出户,离婚判决书上写明了房子和车都归我,孩子的抚养权归他。但是,他离婚不离家,就这样我们又过了两年。刚开始他还给我钱,因为都是我在管孩子,后来他的工资一分钱也不往家里拿了。他等于在我这儿白吃白住,唯一对家的付出,就是偶尔逗逗孩子。当然,我们离婚的事没人知道,主要是不想让两边老人操心,也怕影响孩子。几个月前,我接到一个陌生女人的电话,她让我放手,别再纠缠她的男人。不知道为什么,我很生气,明明知道已经跟他离婚了,但内心还是受不了——他怎么可以让别的女人把电话打到我这里!而且,我女儿当时也在无意中听见了这通电话。她好懂事,竟然哭着求爸爸,让爸爸别抛弃她和弟弟。可能是父女天性吧,我前夫本来就疼女儿,所以我又和他办了结婚手续,想着给女儿看完结婚证再去办离婚手续。但是,我现在不想离了,我不能白白便宜了那个女人,而且我发现我还爱着他。现在,他天天逼着我去办离婚手续,但我觉得他对我还是有感情的,否则他不可能天天回家。请问,我该如何挽救我的婚姻?"

首先，既然你想挽救婚姻，那就先收好结婚证。这还要感谢你那冰雪聪明的女儿的"神助攻"，失而复得，就不要再随意离了。结婚和离婚都不是儿戏，而且有结婚证才有资格说挽回婚姻，希望你们能真正复婚成功。对你利好的有3点：

- 你丈夫在意女儿的感受，这是父爱，他难以割舍。
- 你丈夫信任你，他不怕你"赖"上他，不和他离婚，结果你还真就辜负了他的信任。
- 两年离婚不离家的日子里，他能每天回家住，说明他没有要和其他女人一起生活的迫切愿望。

其次，无论他怎么逼你离婚，你都不能气急败坏，更不能跟他发生冲突。你们之间一定有过无数的冲突，当你又和往常一样，他就会想起你们以前种种的不愉快，这样很容易诱发他内心的情绪疤痕。你得主动改变，现实才能得以改观。时刻记得：你要的是夫妻二人可以再度向对方敞开心扉，说出内心残存和隐匿的爱恋。

具体说来，你可以运用如下各种拖延招式，不和他办理离婚手续。

- 找借口：顺着说，不拒绝，但借口可以千变万化。比如孩子学校的老师有事、你单位有事、你父母或他父母有事、孩子有事等，这种借口顺手拈来，对于你来说肯定不难，难的是你要很真诚地说。

- 装傻充愣：先答应他，但后来"忘"了，然后真诚地道歉。自古就有"伸手不打笑脸人"的说法，就算他心知肚明，也没法跟你急。
- 撒娇：这一招你可以向你的孩子学习一下，他们天生都是撒娇能手，比如二宝，她年纪小，这方面的做法很灵活。除了闹、生气和自虐之外，其他方法你都可以直接模仿，比如默默地流眼泪，一边哭一边声情并茂地说你好伤心，哀求他再给自己一次机会，装可怜，卖惨，或者说自己肚子疼、腰疼等。我发现一个很有意思的事，那就是很多智慧女性都有生产后遗症，隔三岔五地就"犯病"，好让老公知道自己当年受到的伤害是多么的严重。那些身体好得跟牛犊子一样的女人，往往活得很累，家里家外，哪都得她操心，经常出力不讨好，而且心里充满怨恨。

你见过舞蹈演员的表演吗？她们轻盈的舞姿让人赏心悦目，但身体却忍受着各种拉伸的疼痛，尤其是芭蕾舞演员的脚，那叫一个惨不忍睹！她们明明很疼，却还能做出一种愉悦的神情。所以，你也一样！你要改掉坏情绪和消极思想，跟他轻言软语地说话，别发火，也别气馁，因为你现在是在"打仗"。要想打赢这场没有硝烟的战争，挽回婚姻，唯有放手一搏。

再次，经营婚姻就像经营公司一样——公司注册下来以后，你得经营，不能直接坐店里等着数钱。没有人会永远对你好，人与人之间的关系是变动的，夫妻关系也是如此。所以，你得沉下心来，列出你们结婚以来你做得不到位的地方，说给他听，再感谢他对你的包容。你每一次对他的感恩，其实都是在鼓励他继续包容你，这是高情商的表达方式。同时，你还要让他看到你的变化，只要有那么两三次，他觉得你要生气了或者要反驳他了，你却能够做到春风化雨、积极乐观，他就会对你刮目相看。在死水一潭的关系中，唯有积极的变化可以带来生机。因为你要的是他向你敞开心扉，说他还爱你并信守承诺，所以你可以做个表率，先和他开诚布公地说自己的心里话。你想怎么说，就怎么说，因为真感情就是好文章，只要别提他的过错和你对他的抱怨，你们心与心的距离就会越来越近。

  总之，婚姻关系是家庭中最重要的人际关系，对家庭中的每个当事人都产生着深远和全方位的影响。如果你想改善关系，掌控命运的走向，你就得先具备管控自身情绪和思想的能力。就像人要吃饭，才能有力气一样，不为婚姻注入爱与支持，夫妻关系就不可能和谐美满。

5. 理顺家庭财务，才能增进夫妻感情

故事　一位二孩儿妈妈的窘迫

瑛今年 40 岁，有两个儿子，一个上小学，一个上幼儿园。当年她大学毕业后，顺利进入了一家 500 强公司工作，收入可观。后来经人介绍，她认识了现在的丈夫。虽然丈夫的工作一般，还在外地，但是他们在网上聊得很开心，又是老乡，于是很快确定了恋爱关系。不到一年，他们就决定结婚，组建家庭。瑛主动辞职，去了丈夫工作所在的城市。但是，很显然，她太自信了，找到和原来一样满意的工作太难了。于是，她干脆用自己的积蓄在家门口开了一家鲜花店。生意最好的时候，她有 5 家连锁店，但后来事情的发展远远出乎她的预料。

她说："那几年，我们的感情很好，他看我的店生意很好，主动提出辞掉工作和我一起干，我也没多想就同意了。我们一起谈下了很多企业订单，就是给写字楼提供绿植和鲜花租赁。当时赚的钱，我们也不知道应该怎么管理，就只是存银行和买房子。我说买大城

市的房子上涨空间可能更大。丈夫却执意在当地买,说都是市中心,不会差太多,将来转手也方便,结果房价到现在也没怎么涨。这也就算了,后来他认识了一些有钱人,非说要混什么金融圈,还接触了很多高风险的理财产品。他野心太大了,总说自己会发大财,结果却是不断地亏损。后来我没办法,把大几百万的房子和车位卖了,才补齐他的亏空。平时出门我都会维护他的面子,他在家里倒是很勤快。他现在知道自己太贪心,也很自责,但就是停不下来。这几年,我们的几家鲜花店的生意也不行了,好多企业订单都没续约。我没办法,就把店都给盘出去了。现在,我们已经入不敷出了,房子也都抵押出去了,我借的网贷也快逾期了。征信肯定不能出问题啊!关键我现在也不想去上班,那样赚钱太慢了!我倒是挺喜欢做直播的,给人分享开店的经验,然后带货,您觉得怎么样?"

首先,你的燃眉之急是还清网贷,因为一旦逾期,接下来相当长的一段时间,你们的生活都会大受影响。虽然直播带货是大势所趋,各大平台都在推出全民直播计划,肯定可以尝试,但这不是你当下最重要的事,你不能眉毛胡子一把抓。都说瘦死的骆驼比马大,到了这个时候了,不要顾及面子了,你要和丈夫一起面对这个难题,最好让他去想办法,让他去解决问题,你不要再大包大揽。只有收拾好自己的烂摊子,他以后才会有收敛。这样的局面似乎从一开始就注定了：你明明拿着一手好牌，却打得稀烂。结婚后为什么一定是女性妥协让步？女性面对爱情时总是更具牺牲精神，所以你辞职的决定显然太草率了。你自己创业成功为什么丈夫就要辞职加入？这样只会让家庭财务的来源过于单一，而且他的社会联结就全没了。面对丈夫的投资失利，为什么卖了大几百万的房子还不收手？投资至少要有明确的止损点。这就是很多女性普遍存在的思想误区之一：混淆情感和财产。你可以支持丈夫冒险，但不必将自己也置于困境之中。

其次，反观你丈夫的经历——很显然，他产生了某种幻觉，活得很不清醒。他先是靠撞大运，娶了个能挣大钱的妻子，然后傻乎乎地切断了自己的职业发展路径。他的大脑逐渐被财富控制，变得膨胀，竟然觉得自己是招财体质。同时，他的内心又隐隐地想向妻子证明自己更厉害，靠上班又绝无可能，连投资的基本常识都不懂，所以开始走歪门邪道。这刚好应验了那句话，"凭运气得到的财富，凭实力全给败光了"。所以，帮助你丈夫最好的方法只有一个，那就是让他认清现实。如果一个男人真的自责，就不会让妻子帮他还债、陪他受苦；如果一个父亲真的爱孩子，就不会把全部身家都拿去投资高风险的理财产品。尽管你说他爱面子，但他的里子已经烂了，面子也光鲜不了几天了。只有让他拉下脸，想办法解决，看清人情冷暖，以后才不会继续打肿脸充胖子。说得再直白一些，你得明确观点：你已经身无分文、毫无头绪了，而且你也已经身心俱疲了，即将逾期的网贷和各种负债，只能让他自己搞定了。穷人思维就是总想碰运气,富人思维却始终靠行动。能把这个关口过了,也算他还有点儿本事,否则这样的男人会死性不改,除了把你和孩子带进深渊,我实在看不到一丝的好处。

最后,就像你当初因为找工作太难,能有魄力开店一样,在目前这样的窘迫之际,你能想到尝试直播带货,真的非常敏锐。如果你们过了眼前的这个关卡,当然是可以尝试的。具体说来,我结合自己的经验,谈谈我的建议。

- 定位就是定江山:你的兴趣在哪里?你的优势是什么?你想服务什么人群?你想为这群人输出什么价值?这四个问题想清楚了,你的定位就明确了。你一定要搞清楚在粉丝的心中你是谁、你能给粉丝带来什么价值。
- 明确经营范围和备货:定位以后必须做这两件事,你今后要卖什么产品?以什么方式卖?这一切要针对你的目标受众人群,他们的需求有哪些?他们的消费水平如何?他们喜欢哪种方式的销售?
- "两条腿走路"才能通过直播带货变现:一是短视频。这相当于店门口的公告,一天24小时循环播放,能为你带来准客户。准客户越多,开店后的人流量也就越大。二是直播。开播就是开店,店门口总会人来人往,你需要做的就是想尽一切办法把人吸引到店里并留住他们,只有留住更多的人,变现才指日可待。
- 在直播时代,当定位明确、产品到位、经营思路明确后,执行力、学习力和持久力就是核心竞争力，丢掉一劳永逸和快速致富的贪念，踏踏实实干，一个一个地去积累粉丝，用心对待每个粉丝，才能积沙成塔、积水成渊。

总之，穷人面对财富总是很感性，要么不屑一顾，要么被冲昏头脑，富人面对财富总是很理性。既然你们的问题不是情感，而是财务，那你们就不要以伤害情感为代价，而是专注解决财务问题。是谁的责任，谁就承担。理顺家庭财务，夫妻双方都关照和顾念着家，这个家才能蒸蒸日上。

6. 深入了解对方，才是真正的爱

////// **故事** 一个有情感洁癖的女人 //////

王洁今年 37 岁，大学毕业后，顺利进入一家政府机关工作。后来，经人介绍，她认识了现在的丈夫。她丈夫的工作比较特殊，需要常年在深山老林子里面搞研发，3 个月才能回一趟家。好在小两口也算情投意合，后来生了个儿子，现在 12 岁。直到 4 年前，她无意间发现丈夫的车里有一盒避孕套，而且是撕开口的。一盒里面应该有 10 个，但她倒出来数了数，的的确确只有 8 个。这件事对她打击很大，一连几天，她睡不着觉。深夜辗转反侧，借着月光，她看向熟睡的丈夫，突然觉得自己根本不了解眼前这个男人。她只知道自己和丈夫生活这么多年，从来就没用过这个品牌的安全套，很多事情她都在迁就丈夫，没想到会发生这样的事。思来想去，在丈夫临出差前，王洁还是憋不住问起来，她丈夫表现得好像完全不知情，最后说应该是坐他顺风车的男同事从口袋里掉出来的，让她别瞎想。王洁半信半疑，又不能耽误丈夫的飞机，这事就过去了。但是，她失眠的问题却没解决——无论在夜里、上下班路上或者某个瞬间，她的大脑总会浮现出当时丈夫回答自己的表情，她总想从中读出撒谎和不安。后来，她去咨询了心理医生；再后来，连儿子都觉得她不对劲了。

她说："我可能有感情洁癖，这事从我心里一直过不去。那一年，我母亲突然过世了，走得很急。之后我就得了 PTSD（创伤后应激障碍），睡前得吃药，不吃药根本睡不着。我丈夫对我一直挺好的，只是白天我没法跟他联系，他工作时不方便带手机。晚上或周末联系的时候，他也就是问问孩子，好像我们也没什么能聊的话题。后来，我去过一次他工作的山区，那里确实没信号，只能回到他们的住处才有信号。他们单位大部分都是男的，有几个实习的女生也比他小很多，我感觉他们之间也不像有什么事的样子。但是，我就是怀疑，又不敢再问，丈夫本来在家的时间就少，我也不想跟他吵架，我怕他说我太敏感，没事找事。但我真的很痛苦，我不知道该怎么办？"

解读

首先，王洁说自己可能有感情结癖，但她并没有，或者至少她不严重，因为感情洁癖是指对伴侣有特别过分的要求，比如：

- 伴侣不能和其他异性有任何的肢体接触或暧昧的关系。王洁看到丈夫单位的年轻女同事并没表现得那么敏感。

- 对伴侣过去的情感经历耿耿于怀。让王洁放不下的不是她和丈夫认识之前发生的事。
- 对伴侣可能出现的背叛零容忍。一旦发现伴侣有"感情不洁"的信号,内心就会感到痛苦、失望、愤恨、鄙夷,甚至想要放弃这段感情。反观王洁,她发现丈夫车上有避孕套后,失眠几天却能隐忍不发,在丈夫回应她之后便不再提起,还能和丈夫躺在一张床上睡觉(虽然睡不着)。

所以,正常已婚女性遇到这种事都会满腹怀疑、痛苦不堪——这并非说明王洁有感情洁癖。但是,王洁的做法欠妥,她先是忍耐,然后又在丈夫即将出差时才提起(这个沟通时机非常不合适),她自然也没办法得到满意的答案。婚姻中,小事应该及时沟通,以避免误会;大事要充分沟通,不留后遗症;牵涉到感情破裂和婚姻解体的事情,要按兵不动、侧面了解,明确自己内心的诉求后,再当面沟通。应该这么做:

- 把安全套放回原处,不要让丈夫察觉。如果丈夫真的有了婚外情,那么,他一旦发现你知道了,就会感到惊慌、愧疚并考虑现实问题,比如掩盖证据、转移资产等。
- 找机会查看行车记录仪,看看还有谁坐过丈夫的车。既然避孕套是在车里出现的,就从车上展开对事实真相的追查,只有把事情弄个水落石出,你才能知道该何去何从。

- 全面深入地了解丈夫的生活,尽快消除误会或做进一步打算,而不是卡在这里,被疑虑和恐惧的情绪吞没。

其次,当你不能通过行车记录仪或后续的留心找到答案后,再考虑如何跟丈夫当面沟通。长期异地的确会影响夫妻感情,所以,你要格外注重彼此的沟通,想办法融入对方的生活。当夫妻之间有很多共同的朋友时,你才有可能不被蒙在鼓里,也才有可能知道事实的真相。很多女性性格内向、比较隐忍,结婚生子多年之后才猛然发现,自己经常出差在外的丈夫也是别人牵挂的男人。王洁所说的创伤后应激障碍是指人在遭遇到突如其来的刺激后,内在会产生的各种反应,比如茫然、短暂失忆、自我封闭、麻木和其他各种负面情绪等。在这种情况下,王洁需要了解并面对真相。如果无法通过侧面了解清楚,那就去和丈夫约谈,告诉丈夫自己的发现和内心的疑虑,勇敢地向丈夫展现自己内心的痛苦,看他如何应答。如果他只是让你别多想,随便应付你,甚至用你太敏感或试图用愤怒的情绪阻止你深究下去,那你的疑虑很有可能就是事实。

最后,愿意深入了解对方,才是真正的爱。爱就是耐心、勇气和持续经营婚姻的意识。假设丈夫背叛了你,你要做的是了解对方,洞察这段婚姻,反思自己在这段婚姻中做得不对的地方。即使婚姻破裂了,你至少也知道是哪里出了问题。当你把幸福分享给别人,你自己也会倍感幸福;当你把痛苦倾诉给别人,你自己也会倍感轻松——前提是要找到合适的分享对象。在努力尝试了解真相的同时，你也可以把内心的痛苦说给别人听。你无须去找心理咨询师、自己的父母或其他亲友，原因很简单，这些人不知道真相。答案就在你丈夫那里，你必须勇敢地面对他，温和且正式地和丈夫沟通，让他说出答案，这样你才能真正在内心把这件事放下。

总之，离婚并不可怕，可怕的是稀里糊涂就离了婚。事实的真相是什么？为什么他会背叛我？你很痛苦，但你要和痛苦站在一起，共同面对人生的困难。想想孩子，不要在疑虑中消沉。有时候问题就是机会，火能炼金，逆境最磨人。每一对步入金婚的夫妻都经历过太多冲突、误会和委屈，也经历过冲突的化解、误会的消除和委屈的洗涤。加油吧！

7. 忠于自己，才可能幸福

故事 1　一个"忍"出乳腺癌的好女人

瑛和丈夫结婚已经快 20 年了，他们有个女儿，马上大学毕业。瑛多年以来一直经营着一家理发店，虽没有大富大贵，也算衣食无忧。她的丈夫因为身体原因，好几年前就办了内退，每个月也能领到一笔生活费。而且，丈夫每天上午在家做家务，还负责给瑛送午饭，下午他会去找朋友打麻将。在外人眼里，他们小两口过得很逍遥，只有瑛知道，她内心压抑的痛苦快要把她吞没了。

她说："我和他是自由恋爱，刚开始挺好的，一直都是他管孩子，我看店。但是，我们经常为他打麻将的事发生冲突，他死不悔改，后来我就放弃了。结果他越来越过分。几年前，我发现了他在酒店开房的账单，我强迫自己不往坏处想。后来，我又在他内衣上发现过女人的长头发，而我是短发。我让他给我解释，他说是天气太热，他脱了外衣，可能不小心把哪个女麻友的头发带到身上的，还让我别多想。我没有确定的证据，也不想和他撕破脸，忍忍就过去了。

第一部分 婚姻的故事和经营智慧

后来,他经常说我太小气,还说他认识的所有男人在外面都有女人,有的人还会让别的女人生孩子,不生男孩不罢休。我听了,心里很难受,也怪自己只给他生了一个女儿。两年前,他越发明目张胆了,因为我得了胰腺炎,后来又查出癌症。他根本不去医院看我,我只好让我妹妹照顾我。我偷看过他的手机,他给别的女人转账,对方还管他叫"老公"。有时候他晚上也彻夜不归。我没哭没闹,但我现在实在伪装不下去了,太痛苦了。一想到这么多年的委屈,我的手都是抖的。女儿的性格本来就像我,一直有抑郁症,上了大学才好点儿,所以我不想让她知道我们的事。我的父母已经过世了,女儿总劝我离婚,我也不能向她诉苦。我到底该怎么办?太痛苦了!"

首先,从瑛的一系列言行中基本可以判断,她的性格属于典型的 C 型人格,比如:她放弃抵制丈夫打麻将的坏习惯,三番五次发现丈夫背叛的线索却隐忍不发,被丈夫精神操控却浑然不觉,生病住院仍被丈夫冷落等。这类人的癌症发病率是普通人的 3 倍以上。他们的内心总是不够自信、敏感多疑、没有自我、容易焦虑、爱生闷气,长期精神内耗;行为上总是取悦别人,屈服于强权者,敢怒不敢言,执行力水平低下,一味迁就忍让他人。好消息是这种性格是在生活中形成的,也可以在生活中改变。通过努力,你完全可以掌握一系列行之有效的疏导情绪的方法,让自己内心更强大、更独立，更有勇气面对自己人生中的各种挑战，而非忽视逃避或自欺欺人。要知道：情绪是"信使"，每一种情绪都是来保护你，让你更好地生存下去的，关键要正视和接受情绪。比如，愤怒让你反击，羞涩让你收敛锋芒，紧张让你充分准备，恐惧让你保护自己。如果你忽视情绪向你传递的信号，那么情绪就会萦绕在你内心，让你痛苦不堪。你可以：

- 向专家或网上的陌生人倾诉。
- 记录心情日记，审视并纠正自己的习惯性悲观。
- 运动，通过释放内啡肽减少负面情绪，增加积极情绪。
- 做自己喜欢的事，让自己投入到心流体验当中，暂时忘掉伤痛。
- 写信给那个你认为伤害了你的人，但你有权选择不寄出这封信。

其次，你的痛苦并非都是丈夫带来的，也和你无底线的忍耐有关。最好的夫妻关系往往势均力敌，相互欣赏，彼此珍惜。要知道：女人一忍到底，男人就会一"渣"到底。好的婚姻是双方都很满意，而你一味地忽视自己的感受，压抑内心的痛苦，没有努力让自己满意，所以，你们的婚姻质量就打了一半的折扣。进一步说，你不忠于自己，就是对你们的婚姻不忠，你让丈夫蒙在鼓里，完全不清楚你的心理边界。不挑明就是默认，是你给了他伤害你的权利。现在，你不是要挽救婚姻，而是要找回自我。多年前，我身上长过一个毒疙瘩，刚开始，我没当回事，后来不小心感染化脓了，疼得我简直怀疑人生。后来我去看医生，医生说："有脓必须切开伤口，把脓液引流出来，要不然脓液会向深处发展，扩散导致炎症范围变大，甚至向血液散播引发菌血症或脓毒血症，严重时会导致高烧不退，危及生命。"我听完二话没说，配合医生开刀做了手术。同样，心理的伤痛也一样，既然有不痛快，就说出来（脓包不戳破，身体就会受伤），让对方知道你内心的感受（说你心里感受而非指责对方，因为指责只会引发他的心理防御机制）。如果他完全不在乎你的感受，你就看清了他的内心。只有他表现出在乎你，你们的关系才有可能缓和。

最后，你跟这样的男人过日子，肯定不是为了钱，可你心里又这么不痛快，那你究竟图什么呢？如果是因为爱的话，我相信这么多年，你的爱早就消失殆尽。如果说你依赖他的话，那你也该成长了。为什么不考虑及时止损呢？于你而言，挣脱这段婚姻的好处至少有三个：

- 首先，最重要的是，你的女儿已经长大，她的性格或多或少受你们夫妻的影响，所以才会上大学离开你们后有所好转。她的新生活即将展开，你也算熬出来了。也就是说，你不必担心女儿会因为你们离婚而痛苦不堪，你首先要做女儿幸福健康的妈妈。
- 其次，这么多年，你一直在经营理发店，一定有很多老主顾会关照你的生意。所以，就算离婚，就算你净身出户，只要你肯干，活下去总没问题吧！

- 还有，两年前的癌症手术对你来说，应该仍历历在目。医生嘱咐过你，让你尽量保持心情舒畅吗？身心相互影响，这个忠告真的要谨记。如果你摆脱这段关系，你就再也不用压抑痛苦，看他脸色，想那些恶心事了。心里干干净净、一门心思赚钱不好吗？要知道，当下你的人生课题不是挽救婚姻，而是自我救赎，健健康康地多活几年，多看几眼女儿，多帮帮孩子，比什么都强，你说呢？

总之，只有忠于自己的人，才可能拥有幸福持久的婚姻。女人啊，不要再委屈自己、纵容男人了，这样的结局只能是你自己遍体鳞伤、痛不欲生！该来的，总会来，躲不掉的，所以不如勇敢面对；该还的债，总要还的，赖不掉的，所以不如全力以赴！

故事 2　一个长期承受语言暴力的女人

云云和丈夫是经人介绍认识的，丈夫比她小 6 岁，他们认识 4 个月后就结了婚。我问她为什么那么快就结婚，她说父母催得急，而且丈夫当时很热情、待人和善，她觉得人很老实就结婚了。但是，婚后丈夫的性情大变，他对外人很好，对她却很无情，让她难以承受。

她说："我的问题不是冷暴力，而是语言暴力。我挣的比他多，婚房也是我全款买的，但他总是找各种理由跟我吵架，甚至无缘无故就开骂。他不会开车，我开车却总被他骂，就连车的挡风玻璃上

第一部分 婚姻的故事和经营智慧

有鸟屎他也骂,说我没停对地方。我怀孕后去医院检查做B超,需要大量喝水憋尿,但医生说没喝够,他也骂。我生完孩子第3天,出院坐电梯,我让他走快点儿,他也不耐烦地凶我。给孩子打预防针,他就坐那儿玩手机,根本不看孩子。我一边排队,一边看着孩子,他当着那么多人的面就冲我破口大骂。我想到,我公公就经常在家骂我婆婆,后来婆婆半身不遂,公公更是变本加厉。我和丈夫吵架,想让公公替我管管他儿子,公公却说我比丈夫大,就得让着他。坐月子期间,我让我妈来照顾我。我妈都快70岁了,我让他对我妈好点儿,但他每天只玩游戏,什么都不管。我带孩子的时候,只要孩子不舒服,他张嘴就骂,还满嘴脏话。我真的受不了,虽然结婚才短短几年,但我现在只想离婚。我跟父母商量,他们却说离了婚,孩子就没爹了,让我忍着过,还说大家都是这么过来的,但我真的很纠结。"

首先,性格决定命运,你纠结的性格直接导致了现在的痛苦。丈夫对你满嘴脏话、粗暴无礼实际上是你默许的。如果你在生孩子之前就受不了他的谩骂,那就不要生孩子。要知道,生活是自己的,日子不是过给别人看的。你像很多女性一样,婚前不够"挑剔"。很多看上去老实的男人只是因为你不了解他,他把你当外人,他的个性还没机会展示,仅此而已。持续的语言暴力和冷暴力一样会把人逼疯，你既然受不了，就应该想办法让他闭嘴或离开。就像你听到一首歌，唱得很难听，你要么关掉这首歌，要么换一首歌。不要迷失在别人的建议里，要接受自己内心的指引。尤其是女性，人生中的重大决策，无论是结婚、离婚、生孩子，还是职业发展，要多听别人的建议，但更要自己拿主意。没有人会真正共情你的纠结，更没有人会真为你的决定买单，只有你自己能为自己负责。

其次，我给你的建议是放弃这段婚姻，因为原生家庭对一个人的影响是至深至远的。你公公对你婆婆就是每天骂骂咧咧，你丈夫才会有样学样。有些人受原生家庭的影响，不会表达爱，表达关心也都是用喊和骂的方式。如果你受不了就放弃吧！你婆婆很有可能是因为内心积压了太多愤恨和不满，才会半身不遂、瘫痪在床的，她和你公公之间形成了一种恶性循环的互动模式（如图1-3所示）。这世界是个能量场，很多东西都不会真正消失，只会转换成另一种形式继续存在，比如水，比如人的情绪。长期无法疏导的情绪就会郁结到身体的某个部位。你婆婆的心理发展机制隐含着：我受不了你，又离不开你，我就拖累你。你公公到晚年有这样的境遇也只能拜他口不择言所赐。如果你想走你婆婆的老路，过你公公和婆婆这样的日子，那你就继续留在婚姻里——因为让一个不太有主见的人去抗衡这样一个家庭，无异于以卵击石。亲爱的，千万别太高估自己的承受力，人的内心是很脆弱的，到了某个临界点，健康与否就是转瞬之间的事。同时，也不要低估你独自生活的能力。

第一部分　婚姻的故事和经营智慧

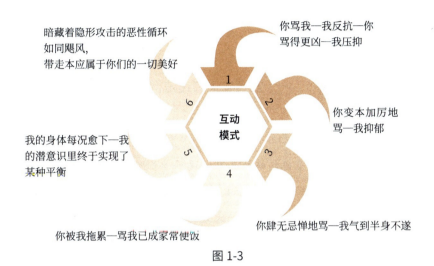

图 1-3

再次，告别纠结的捷径只有一个，那就是聚焦未来。想想你的现实问题吧！你年迈的父母婚姻观陈旧，你不能再对他们唯命是从了。你公公让你继续忍耐，你的内心却痛苦不堪。你已经为人母亲，通常来讲，生孩子的时候谁最疼，谁就最爱孩子，这是无可争辩的事实。你希望孩子将来满口脏话面对亲密爱人吗？还是说你希望孩子将来和你一样压抑情绪，忍耐痛苦的婚姻？在一个父母每天恶语相向的家庭长大，或者每天目睹这种"有毒的"互动模式，你觉得孩子会健康成长吗？你觉得孩子会期待进入婚姻吗？你觉得孩子未来会幸福吗？如果答案是"不会"，那就不要再纠结了。拿起笔，理一理你们的所有资产和负债，争取和他好聚好散吧！

总之，不能忠于自己内心的人很难幸福。若想幸福，就要听从内心的声音，强大自己，冲破藩篱，活得更自我、更洒脱！

故事 3　一个知道丈夫有违法行为的女人

文静和丈夫结婚已经 17 年了，一直在家相夫教子，没有上班。半年前，她在丈夫手机的收藏夹里发现了很多照片，都是他和另外一个女人的合影——一起吃饭的、一起出去旅行的，甚至还有一起在床上的照片。证据确凿，文静的丈夫根本无法否认，所以他承认了自己的错误，并承诺再也不和对方联系。虽然文静嘴上提出了离婚，但她内心根本没办法接受现实。面对丈夫声泪俱下的忏悔和信誓旦旦的样子，文静完全没了主意。后来，在丈夫的劝说下，他们找了心理咨询师，尝试挽回婚姻，修复信任。但是，不到一个月，她发现丈夫和那个女人又联系上了，只不过是换了个平台，做得更隐秘而已。她丈夫可能觉得自己伪装得很好，但文静一眼就识破了，别忘了，那可是跟他住在同一个屋檐下十几年的女人。

文静说："我们家玄关有一面大镜子，他平常出门不怎么照，穿搭也很随意。只要哪天他出门前使劲照镜子、在衣柜前纠结半天，我就会有强烈的直觉。他的手机密码后来改了，我不知道，但他没注意到我在里面设置了指纹开机，所以一查一个准儿。他们之间的通话记录都是最新的。没办法，我只能再次提出离婚，但他不想离，因为我们家还有欠债。他只是个普通职工，一个月工资只有几千块钱，但他经常请客送礼，这要花不少钱。他说这些都是人脉投资，

第一部分 婚姻的故事和经营智慧

将来等他升职了,有权了,想要什么就有什么。我觉得他这样想不对,但也说服不了他。我们的房子是结婚以后双方老人给买的,房子月供的压力太大,所以我就让他去借钱还贷。后来他真借到了钱,把房子的贷款提前还清了。然后,他把这套房子抵押出去又买了一套,说是留给儿子的婚房。刚开始我以为那都是他借的钱,其实他只借了几十万,还有不少都是他利用工作之便非法获取的。我担心他以后会出事,又怕离婚以后生活质量会下降。我有一个15岁的儿子,还有一个刚满3岁的女儿。好纠结!"

首先,生活不会一成不变,因为世界上唯一不变的就是变化。你们看似安稳的婚姻生活(一儿一女、稳定工作、两套房产)早就败絮其中,最危险的是你丈夫的价值观。价值观尤其重要,思想觉悟比能力更重要,否则就是铤而走险。真心服务百姓、追求个人荣誉和自我价值的实现才是真正的理想,而不是以权谋私、乱搞男女关系。所以,你不必纠结,只要站在更长远的角度看问题,答案自然清晰可见。要想人不知,除非己莫为。你丈夫的失败就在眼前,这种人迟早会被踢出工作单位。他的前途尽毁,感情上也早已背叛你,你图什么?利用他暂时拖延,不想和你离婚的心理,抓紧时间和他签订婚内财产协议才是要紧的事,这样可以很好地保护你的权益。然后,你再找机会和他协议离婚,平静而非赌气地跟他和平分手,如果他考虑自己的名誉和升迁,那么,他肯定会做适当的让步。你可以和他签订离婚协议,让他向你支付两个孩子的抚养费和一定金额的精神赔偿。两套房产你们可以一人一套,毕竟你没工作过,也不可能都归你。

其次,如果将来你们走到离婚那一步,那么两个孩子的抚养权应该是你们的主要焦点。如果他真去法院起诉,你可能一个孩子也要不到,因为你没工作,就凭这一条,法官就很难把孩子判给你。你丈夫有稳定工作,有稳定的收入,除非你告他以权谋私。但是,真要撕破脸,你们谁都没有好下场,所以,对你来说,最要紧的是去找工作,或者考虑创业,因为人不可能永远像寄居蟹一样活着。你要给孩子做个榜样,自食其力、独立自强,你把最宝贵的青春年华献给了这个家,把两个孩子带到这个世界上,就应该活得越来越好。眼看着丈夫误入歧途,你必须让自己越来越好,否则孩子太可怜了。纠结本身是对现实问题的认知不清晰,更是对未来发展的无视,只有理解到这一点,用切实的行动才能让事情出现转机。

再次,如果你不想和丈夫分开,那就必须从思想上切断丈夫的"毒瘤",不能让他再干违法乱纪的事。情感方面,他一再哄骗你,暗地里却继续和别的女性纠缠不清,这是心性不成熟的表现,拿婚姻当儿戏。你要跟他说明你不离婚的条件:

- 不能再收受任何贿赂,以前的不正当收入必须如数向上级领导汇报,争取宽大处理,哪怕代价是你们要卖掉第二套房子——这叫回头是岸、及时止损。
- 和那个女人真正断交。当你找到一份新工作或着手创业时，他会从你的行为中感到压力和决心。同时，你要向他展示你手里搜集到他出轨的证据。告诉他，如果他再和那个女人纠缠，你就直接曝光，把他的丑事公之于众，让他乌纱帽不保。

总之，遇到问题以后，纠结往往于事无补。只有认请问题的本质、明确自己的诉求，采取切实的行动，问题才能化解。婚姻中，我们首先要忠诚于自己，关照自己的感受，这是真正爱自己的方式。你无法忠于自己，又如何让丈夫忠于你？只有当双方都能忠于自己，成长自己，夫妻关系才能稳健。

8. 掌握离婚的智慧，才能把损失降到最低

////// 故事1　一位守候异地婚姻16年的女性 //////

兰兰和丈夫是在自由恋爱两年后结的婚。当时兰兰的父母坚决反对，因为兰兰的丈夫是个孤儿，没积蓄，工作也很一般。兰兰的父母常年做生意，条件要好很多，他们担心女儿将来吃苦。但是，兰兰只想嫁给爱情，所以两人很快就登记结婚了。婚后，他们很快就有了一儿一女。兰兰对丈夫很有信心，所以就一门心思在家照顾孩子，并且随丈夫的工作搬过好几回家，去过好几个城市。只可惜好景不长，兰兰丈夫的新工作需要常驻外地，收入会高不少。思来想去，兰兰还是接受了现实，从此他们便开始了长期的异地夫妻生活。虽然兰兰性格很温和，但内在的倔强让她没办法向父母开口求援，她决心把自己的日子过好，好向父母证明自己当初的选择是正确的。

她说："刚结婚的那几年，他都会把工资交给我，虽然日子过得很紧张，但心里很幸福。后来他去外地工作，虽然工资涨了，但几

个月才回一趟家。有一次孩子拿他的手机玩,我才无意中发现他经常给别的女人转账、送花,还买包。平常他总说我买的东西贵,没想到他对别的女人那么大方。几年前,我就想过和他离婚,但我没钱,也放不下两个孩子。再后来,他的脾气越来越大,动不动就跟我急,我不想让家里人知道,又不敢跟他硬碰硬,所以我后来就去上班了——虽然工资不高,但不影响我接送两个孩子上学,我还是挺满意的。他知道以后就骂我,说我瞎折腾,还说再不给我钱了。从那以后,他真的就没再给我打过钱,到现在至少有 5 年了。后来我才知道,他当时很缺钱,办了十几张信用卡,透支了很多,欠了几十万的债。他总说我不替他考虑,我反问他是否替孩子考虑过。他却怪我就是因为要考虑孩子,我才应该把工资都交给他,让他去还债。我和两个孩子全靠我那几千块钱工资活着,怎么可能帮他还钱呢!再说了,他去各种平台上和其他女人卿卿我我,在外面很大方,却亏着老婆孩子,我凭什么帮他补窟窿?!所以,我们俩要么不见面,要么见面说不了几句就吵架。他最近在跟我闹离婚,说和我在一起过日子太累,说我磨灭了他的斗志。我说可以离,但两个孩子一直是我带大的,得归我,他一个月必须给我几千块钱的抚养费。他不想给,说两个孩子都得归他,这样,他一个月还能省好几千。他还说,反正孩子大了,只给孩子交学费和生活费就行了。我想问,离婚后,我是不是还得平摊他的负债?如果他执意要两个孩子的抚养权,我怎么办?我一个月工资才 6 000 元,他至少有 15 000 元,孩子能判给我吗?我也担心以后自己养不起两个孩子。"

解读

首先,你大概率不需要平摊他的负债,原因很简单:按照最高人民法院的司法解释,结婚后夫妻中的任何一方的债务都属于共同债务,应该由夫妻共同偿还。但是,如果一方能证明该笔债务属于欠债人的个人债务,就可以拒绝清偿。比如他办理了多张信用卡并透支,你就得证明这些消费属于他的个人消费。夫妻一方购买自己需要的高档消费品或赠予其他人,另一方有权拒绝还债。

其次,关于争取孩子抚养权的问题,你的胜算很大。人民法院在审理离婚案件的时候,对于子女抚养问题,一般是本着有利于子女身心健康、保障子女合法权益的出发点判决的。你丈夫除了比你的工资高以外,其他都不占优势。比如:

- 他没有父母,将来无人帮他照看孩子。尽管你父母当时不同意你结婚,但他们毕竟身体不错,所以你要尽快缓和矛盾,如果可以让父母过来帮忙助阵,胜算会更大。
- 孩子是你带大的,你们之间的感情基础更深,尤其是孩子年龄超过 8 岁,法官也会采纳孩子的主观意愿。你要多多陪伴孩子,增进亲子感情,将来孩子才会更倾向于选择和你生活。
- 他生活作风不正,可能会给孩子的心理造成负面影响。你要保持积极和规律的生活,和周围的人保持良好的人际关系,避免发生矛盾。

- 他有负债，这是他的硬伤，你可以拒绝帮他还债，因为那些钱并没有用在你和孩子身上。

除此之外，你还可以整理更多有利于争夺孩子抚养权的资料。比如：

- 你的工资收入证明。
- 你的学历和学位证书。
- 表明你奉公守法的个人纳税证明。
- 让你所在的小区居委会为你出具平常都是你在带孩子的证明。
- 你的邻居的证言（证明平常都是你带孩子）。
- 如果有单位评优证明等，都可以展示给法官看，让法官看到你职业晋升的可能性（所以，无论再难，这个时候千万别辞职）。

再次，如果有条件，建议尽量花钱请专业的婚姻律师，否则你会付出更多代价。协议离婚可以打感情牌，拼的是筹码、策略和耐心，而起诉离婚讲的是证据和证据链。整理大量的书面资料和固定证据的工作非专业的人很难明白，只有专业人士才能给到你切实的帮助。考虑到需要多次面谈、提供并完善书面证明材料需要反复沟通、将来上法院打官司等原因，建议你找当地的律师，多咨询几家律师事务所。女性的直觉很敏锐，选一个你比较信任的律师再签约。你可能会问："我们一穷二白，为什么还要花钱打官司？"很简单，因为这是你要展开新生活的攻坚战，聚焦未来，你才能获得满意的结果：拿到孩子的抚养权、争取让他每个月给孩子更高的抚养费，降低或不用清偿他的债务等。

总之，面对这种不负责任、毫无情谊的丈夫，协议离婚往往走不通，你只能选择起诉离婚。在此过程中，要有打硬仗的心理准备，好好爱护自己的身体，睡眠饮食和运动都得注意。爱情已逝，未来不远，要对自己有信心，更要对孩子有信心，不要担心将来会对孩子造成什么负面影响，孩子往往比我们想象得更坚强。

故事 2　一个站在离婚边缘的女人

徐琳琳今年 48 岁，和丈夫结婚 24 年了。他们都有正式工作，儿子在外地上大学。他们两个人除了刚结婚那会儿偶尔会吵架，这么多年来，几乎没闹过矛盾，所以，在别人眼里，他们一直是模范夫妻。去年国庆节，徐琳琳无意间发现丈夫的电脑里有 3 个陌生女人的照片，老公和她们都有合影，而且一看就是那种不正当的关系。徐琳琳没挑明，但当时感觉五雷轰顶，内心崩溃。之后的一周，她谎称要加班，跟丈夫说，估计得在单位睡，回不去了。她丈夫还抱怨说自己得下厨做饭了，同时也贴心地嘱咐徐琳琳别熬夜。一天，徐琳琳忙完手头上的工作，晚上 10 点多开车回到了家。果然，家里空无一人。她痛定思痛、忍无可忍，还是和丈夫挑明了这件事。她丈夫很震惊，反问她是怎么知道的。徐琳琳让丈夫给自己解释，丈

第一部分　婚姻的故事和经营智慧

夫却说没什么可解释的，都是以前的老皇历了，早就分手了。徐琳琳听完，气就不打一处来，而且后面的事情更让她糟心。

她说："第一次我跟他说这个事儿的时候，他糊弄我，总是答非所问，我很生气，所以就没往明里说。我们俩一人有一辆车，单位也在完全相反的两个方向，所以，我很少坐他的车。但是，从那天开始，我就老想查他，还去了他单位好几趟。我觉得那些女的很可能就是他单位的同事，因为他是管理岗，有点儿小权力。他办公室里有那种女生才会喜欢的坐垫，还有小熊抱枕，车上还放着那种特别可爱的摆件，就连车钥匙上都挂着毛绒球饰品。他一个大老爷们，不可能买那些东西的。这么多年来，我们一直都是 AA 制，我负责生活开支，他负责还房贷和养车。我不知道他有多少钱，所以，我又找他谈，说儿子已经上大学了，我们两口子应该把钱放一起共同管理。他突然很生气，说把股票上的钱都给我，他的工资要自己管。我说让他给我看看股票上有多少钱，他又不给看，还说不行就离婚吧！然后当天晚上他就跑到儿子房间去睡。到现在快 10 天了，我们就这么僵着。一个人睡也挺好，脑子更清醒，我想了很多。记得 6 年前，我在他车上发现过避孕套，他说是他同学的，他这个同学我认识，就相信了。儿子高考那几年，他身体不太好，我一门心思盯孩子的学习，他也跟我说过过得很累，当时我没太在意。现在想想，可能是我忽略了他。所以，我后来又找他谈，说可以离婚，给他自由。他又说不想离，毕竟过了大半辈子了，他早就把我当家人了，但这样的背叛我应该原谅吗？"

解读

首先，面对伴侣的背叛，是否应该原谅，只能由当事人自己决定。原谅远比你想的要更深刻，你不妨先了解一下何谓"原谅"，再拿主意：

- 原谅不等于遗忘，只是决定不再提起。成年人的心理是这样的，"我可以为我的过错道歉，但我不想重复为我的过错道歉"。你原谅他，他做出悔改，这是一种基于感情和责任的等价交换。但是，很多女性选择了原谅，又屡屡提及丈夫的过错，丈夫才会恼羞成怒、破罐子破摔。
- 你原谅他，不代表你必须宽恕他那些给你带来伤害的行为。原谅是基于未来，针对人；宽恕是基于过去，针对事。当夫妻感情出现了裂痕，想破镜重圆，必须经历三部曲：悔改、补偿和重建信任。（出轨的人）悔改容易，（被伤害的人获得）补偿也不难，难的是重建信任。这需要双方的努力。
- 原谅不仅包括信任对方，更要有放过自己的智慧。当你选择原谅，你就向对方展示了你的自信、乐观和信任。对方如果还在意你和你们的关系，就会产生悔改的决心。当你选择了原谅，你的内心才能真正地放下——这是一种内在智慧，可以让人轻装上阵。
- 原谅不等于妥协，即使害怕他还会背叛，也要尝试一下。当我们大脑的基本生存系统被恐惧情绪激发时，我们作为人类的更高级别的功能就会自动关闭，说简单点儿，爱和恐惧这两种情绪不可能同时存在。所以，"爱就是宽恕"有一定的道理，你可以基于爱选择原谅，而非妥协。你要设定好自我边界，比如你可以告诉丈夫，"我选择原谅，但是你再有下次，哪怕我还爱着你，我们的婚姻也只能到此为止"。

其次，面对伴侣的出轨，你的反应完全没有章法，至少出牌顺序是有问题的：先告诉对方你知道他背叛你了，转头又说钱的事。正常人都会猜到你想离婚，并想在离婚时多分点儿钱，所以对方才会突然愤怒，这是成年人面临威胁时最正常的反应。愤怒之下，总是藏匿着恐惧、绝望和悲伤。那么，面对伴侣的出轨，我们到底应该怎么做，才能保护好自己的权益呢？

- 最要紧的是先平复自己受伤的心。
- 然后是按兵不动，不要让对方知道你已知情，以免打草惊蛇，给自己后续取证增加难度。
- 搜集对方背叛你的证据，同时摸清家庭的财务状况。
- 把能证明对方拥有的财产的资料搜集齐，这叫固定证据。即便将来对方转移资产，你也有权要求其返还。
- 巧妙地处理自己的财产。比如、你常年不和父母一起住，心里的愧疚可以和丈夫讲，然后给父母转一笔钱或者买车买房。比如你念起姐姐哥哥小时候对你的照顾，也可以和丈夫讲，给哥哥姐姐适当的回馈等，我相信读到这里，你能完全明白我的意思，不动声色之间转移你的资产，及时止损。感情已经没了，你不能再没钱。别犯糊涂、对敌人心慈手软，就是对自己下黑手。

- 当你证据在手，经过专业律师帮助，确信能打赢离婚官司之后，再和对方摊牌。不用亮明你的底牌，只说自己很受伤、很震惊，再观察对方的反应。通常，有婚外情的人有一种"小偷心理"。当他知道你已知情后，第一反应是惊慌，惊慌就会导致失措，比如他会惶恐、道歉和承诺，这样你可以声泪俱下，让他签订对你有利的财产分割协议。

再次，原谅与否是你自己要拿的主意，手上有筹码和证据肯定会让你更有主动权。但是，如何搜集证据呢？这是很多人在遭遇背叛时，完全空白的认知，你可以：

- 录音，多买几个录音笔或手机，手机不需要买很贵的，买待机时间较长的就行。还有，你和他聊这件事的时候也可以录下来，聊的时候要直接称呼他的全名，他有回应，就算录音成功。你也可以主动给他的情人打电话，录音之后虽然不是直接证据，但结合你丈夫给她转账的记录，法官就有可能采信。总之，录音要完整，别剪辑，还要保留录音笔或手机，这是原始器材，起诉时需要出示。
- 微信和短信，很多女性在丈夫手机上发现了证据后，都是截屏保存，然后发给自己，但这种截屏的照片是没有任何法律效应的，因为聊天记录的背景通常是单色，图片可以通过软件生成，很难分辨真伪，所以不能作为定案依据。正确的做法是把微信完整的聊天记录合并转发到自己的手机上。尤其重要的是，你还要点击他微信右下角的"我"，再点击"账号与安全"，然后拍下他的微信号和绑定的手机号。否则，他的律师还有可能说你是在诈骗。比如你弄两个手机，分别以你丈夫和他情人的名字自编自导，造出一份聊天记录，丈夫可以说那根本不是他的号。

- 照片和视频，寻找之前的照片，可以查看他的手机相册、微信聊天记录、收藏夹和最近删除的图库；也可以在他电脑的隐藏文件夹里找，或者登录他的邮箱、QQ 或网盘。找到以后务必拷贝到 U 盘或硬盘里，而非用自己的手机拍，否则太模糊，也是徒劳。

总之，每一个站在离婚边缘的人，要听别人的建议，并遵从内心，拿自己的主意。离婚不易，复婚更难，无论原谅与否，都要振作起来，认清现实，学会用法律保护自己的权益。

////// 故事 3　一个比自己丈夫小 15 岁的傻姑娘 //////

小唯今年 35 岁，自幼父母离异，从小和妈妈相依为命。7 年前，她遇见了现在的丈夫并很快登记结婚。当时她 28 岁，她丈夫

43岁。可能是一种内心久违的、类似父爱的感觉让小唯对丈夫一见倾心。尽管她知道丈夫有过一段婚姻，也有一个孩子，但她奋不顾身，完全不理会母亲的劝阻。婚后，小唯很快就怀孕了，她辞了工作，准备安心在家当全职太太，因为她丈夫有自己的公司，对她也是有求必应、要啥买啥。但是，养尊处优和安享太平的日子没过几天，她就发现了问题：丈夫和他公司里的多个女职员有暧昧关系。于是，她挺着个大肚子跟丈夫理论，他辩解说只有这样，女职员才能对他"忠诚"。他让小唯理解，如果小唯不接受，他就把那些女职员都辞退了。看丈夫真心悔过，加上肚子里的孩子，小唯轻易选择了原谅，还说不会为难丈夫，毕竟她没有参与丈夫公司的经营管理，也不便多说太多。后来，宝贝儿子出生了，长得跟小唯小时候很像，小唯暗自庆幸自己没有放弃婚姻，她和母亲的关系也因为孩子缓和了一些。她对丈夫公司里的事一点儿也不上心，只是一心一意在家带儿子。可惜好久不长，后面的事情让她始料未及、濒临崩溃。

她说："儿子快上幼儿园的时候，我们一起去医院给儿子做入园体检。我从小就晕血，所以，我丈夫抱着儿子去抽血，我帮着他拿着手机。正好有一条信息发过来，我看了一眼顿时如晴天霹雳——对方提醒我丈夫，别忘了给他们的女儿转抚养费。据我所知，他和前妻生的是儿子，每个月也会固定给他前妻转抚养费，这个女儿又是从哪里冒出来的呢？后来，我丈夫才说那是他公司以前的一个秘书。一次酒后他们发生了关系，但彼此并没有感情。女秘书发现怀孕后执意要生，他也没有办法，而且他前妻也不知情，还让我帮他保密。我真的觉得自己的脑容量不够用，他到底有多少秘密啊！我当时很想离婚，可他对儿子特别好，我又不忍心。我妈说让我别想那么多，既然已经有了孩子，能忍就忍，毕竟那是我认识他以前的事，但我真的无法接受。后来的事，更让我无语，有客户告他诈骗，说他犯了经济罪，之后他被判了5年的有期徒刑。进去前，他让我好好带儿子，别的事什么都不用管，还说对不起我，将来会好好补偿我。但是，他进去以后，我才知道，他的公司里全是烂账，好多债务和应收账款，就算那些账都能要回来，也不如卖了公司合适。而且，他一出事，那帮女人的辞职的速度比闪电都快。每次儿子问起我来，说想爸爸，我都不知道怎么跟孩子说。学校里的老师也都不知道，我都是说他出差在外地。他前妻和以前的秘书每个月都催我给钱，我只能拿自己的积蓄贴补她们。虽然他还有两年半才能出狱，但我现在很纠结，还有没有必要继续等他？我很后悔，当初真的应该听我妈的话，我太痛苦了。"

首先，你要知道自己为什么痛苦，你是在为爱受苦，还是觉得现实太难，或是两者兼而有之。无论你是否接受，我认为你对丈夫的爱里掺杂着依赖的成分。原因有两个：

- **父爱的缺失和闪婚。** 你的成长过程中缺乏父爱，且你们是闪婚，婚前并没有太多的感情基础。

- 自卑和逃避心理。你对自己立足社会的能力有所怀疑，并因你丈夫对你还算大方，所以你一怀孕就辞职了。

遇到这种事，没有人可以轻松自在地活，但你的痛苦不仅源于自身能力的缺失，更是因为爱的不足。你们两个人当初能结婚，彼此心照不宣的心理契约是，你提供青春的激情和爱，他提供充裕的物质保障。可以说，这是一种交易，大家各取所需，没什么不好，更没什么不对的。但是，他根本不像你想的那么有钱，而且还让你发现了他过往的种种不堪，这种痛苦可想而知。现在生活的压力全在你身上，你确实太难了。

其次，有没有必要等他这个问题，只能由你自己决定，没有人能帮你拿主意。在此，我们只能分析一下离或不离的利弊：

- 如果不离婚，继续等下去，他出来必定会对你感恩于心，至于能不能给你一个平顺安逸的未来，则很难说。面对大打折扣的未来，你是否不抱怨、不指责？也很难说。婚姻中，总有一个人会更辛苦，但这个更辛苦的人如果不修炼内心，就很容易把苦变成"毒"，试图用自己过去的付出绑架对方，更会使对方压抑嫌弃，最终做出背离的事。

- 如果现在提出离婚，你就必须起诉，让法院判决，那他肯定会很寒心，甚至恨你。此后余生，你们可能老死不相往来。因为交易结束，他没钱了，你的爱也戛然而止，儿子将成为唯一证明他曾经出现过的证据。当然，你可以继续追寻属于自己的幸福。

- 如果等他出来你再提出离婚，那么你可谓仁至义尽，他无法挑剔你。尽管你们之间可能不爱了，但至少有情份在，你没有在他最落魄的时候落井下石。当孩子看到爸爸妈妈可以心平气和地说话，孩子的内心才可能是放松的。现在你就可以着手考虑自己的将来，你才是自己未来最大的靠山。

再次，无论离婚与否，你的重点是解除内心的痛苦。你痛苦的根源就是能力不足和爱不足，所以，你需要提升自己的能力，让内心充满爱——这也是每位女性立足社会、闯荡加护的利剑。你必须具备硬能力和软素质。假设未来你和丈夫分开了，也千万不要急着找对象，先把一个人的日子过明白，才有可能过好两个人的生活。

总之，开弓没有回头箭，人生路上没有关键点，因为每一个选择都很关键。把握每一个当下，才能让生活蒸蒸日上。一个人不怕痛苦，就怕不知道痛苦的根源，找到根源了，一步步去根除就好。

第二部分

职场的沉浮和发展逻辑

是时候更新你的职业观了

在我的直播间,有专门针对职场问题连麦的时段,很多问题都关乎职业观。所以,我想先邀请你看一个很有代表性的问题,然后再说职业观应该从哪些维度更新。

◆ ◆ ◆

故事的主人公叫孟珂,今年40岁,她的问题主要是职业发展方向不明确。

她说:"我本科学的是人力资源专业,刚毕业的时候,我比较草率,所以没怎么好好挑选,就去了一个小私企上班。因为公司规模不大,所以人力资源部的员工不多。我特别忙,但各方面的业务能力提升得很快。我挺追求上进的,业余时间还考了人力资源相关的各种证书,在这家公司一待就是11年。但是,老板太能忽悠人了,每回说到待遇问题,他都满口答应,事后又拖延或者跟我诉苦,说公司经营困难什么的,反正特别小气。我实在没办法,只能辞职了。后来,我去了一家外企，当时这家公司刚进驻中国，业务发展不是很好，用人也着急。所以，我很幸运，待遇一下子翻了一倍。我很珍惜，业余时间也抓紧学习，还自己花钱提升英语口语能力。我不喜欢折腾，一直在这里干到现在。这期间，我结了婚，又生了儿子。但是，公司发展前景一般，而且我已经40岁了，心里总觉得不踏实。打工太被动了，虽然我现在有急事也可以在家办公，但总担心哪天公司撤出中国，那样我的职业发展就断档了。所以，我一直在学习，没敢停过，报了很多辅导班，也买了很多线上付费课，只为将来跳槽的时候简历更好看。反正我现在很纠结要不要辞职，自己创业。"

听完她的问题，我反问了她两个问题：

1. 你业余时间学习、上辅导班的目的是什么？（她说是为了提升自己的工作胜任力，也是为了将来更好找工作）
2. 所以，我又问你现在焦虑的是什么？（她顿了顿说，是觉得打工太被动，想自己做点儿什么，但又没方向）

回答完我的问题，她笑了，因为她明白了，她的行为和内心的诉求是矛盾的：她担心工作不稳定，业余时间却一直在为找下一份工作而努力，并没有真正探索和尝试自谋出路，比如做自由职业、成为超级IP或创业等。后来，我问了她的家庭情况、兴趣爱好和现有的资源，也给出了我的建议，她非常满意。此处不再细说，我们说回职业观的话题。

首先,你别被"职业观"这个词吓退,因为每个打工人都有自己的职业观,只是很多人不够明确而已。字面意思是我们对于职业的观点,内涵是指一个人基于自己对职业的诉求产生的各种态度和行为。所谓的职业诉求无非是两方面:一是为自己的生存和发展,二是为他人提供价值,解决某个群体的某类问题。总之,职业诉求不同,在遇到困难和机会时,每个人的态度和选择就会不一样。

其次,每个人的职业价值观都不简单,通常由多个因素组成。我总结了10种职业价值观,你不妨看看并按照你更重视的程度列出一个顺序,以便在以后遇到困难时,可以更快地做出正确的抉择,而非在一些细枝末节上耽误时间、浪费精力。

1. **财富**:改善财务状况,提升生活质量,显示自己的身份地位。通常通过跳槽寻找更好的机会,企业忠诚度较低,但学习力、承受力和适应力较强。
2. **挑战和成就感**:重视自身的职业发展规划,愿意接受工作中的挑战和突破自我的成就感。如果工作难度太低或毫无变化,就会更快地厌倦;如果被充分信任且工作有挑战性,就会自动白发、乐此不疲。
3. **环境舒适**:因注重生活品位,所以格外看重工作环境的品位和格调,对于简陋、嘈杂和艰苦的工作环境很排斥。

4. **健康和稳定：** 对于有损健康的工作方式和工作环境很抵制，注重养生，不喜欢加班和长期出差。通常喜欢大型企业或体制内的工作，对于工作的稳定性要求较高。

5. **独立自由：** 追求较大的自主空间，不喜欢被人管束，喜欢来去自由、凭本事吃饭的工作。通常会排斥办公室政治，对管理职位比较排斥，但自律性较强，学习力和执行力一流。

6. **人际关系：** 认为工作不会让自己发家致富，所以会退而求其次，追求和谐的工作氛围和充满友善的同事关系。如果企业文化倾向于家文化，同事 流动性较小且在工作之余交往比较密切，就会非常珍惜这份工作。

7. **安逸和满足感：** 崇尚充实的人生，认为做自己喜欢的事就是爱自己。找到可以满足自身兴趣爱好的工作，滋养内心。通常会拒绝自己不喜欢的工作，但愿意接受有挑战的工作，只要自己喜欢。

8. **权利和地位：** 追求更高的职位和权限，醉心于当官这件事，认为只有级别高和权力大才会被人尊重。通常情商会很高，有一定的自控力。但是，做事容易浮于表面，不能善始善终。

9. **个人成长：** 比较看重工作赋予的成长空间和学习机会，如果可以让自己的简历更有分量，比如能参与重要的项目，接触更高级别的社会资源，就会非常珍惜这份工作。通常很谦虚、注重发展，有野心，也很自信。

10. **社会意识和道德感：** 无法接受那些通过伤害别人利益而赚

钱的工作机会，比如诈骗等。通常会选择对他人有直接助益的工作，比如救护、救援和支持类工作。

每个人在人生的不同阶段，职业观都有着细微但确定的发展变化。比如孟珂刚开始在那家小私企打工的时候，她追求的是挑战和成就感、独立自由和个人成长。但是，随着年龄增长，她开始倾向于财富、权利和地位，因为期待落空，所以她选择了离开。现在，她再次萌生退意，可以反映出她更看重财富、健康、稳定、安逸和满足感。

还有，大众女性拥有工作机会的历史并不长，所以很多女性对于自己为什么上班的原因说不清楚，都是稀里糊涂的，更没有长期的职业生涯规划意识。但是，随波逐流和有的放矢的规划、执行会产生本质的区别，所以，我们很有必要明确并建立正确的职业观，我就从职场女性日常的工作细微处讲起，帮大家更新一下职业观。

陈旧的职业观："我只要默默地把分内的工作做好，总有一天公司会知道我很靠谱，可以委以重任。"

错误的内核：持这种观点的女性很多，但那些认定做好本职工作就会被器重的人到最后通常是满腹抱怨，甚至黯然离场。

正解：真相是，如果你不懂汇报工作，就只能默默干到老，不！

是干到地老天荒！无论哪个层级的领导都希望下属可以自动自发地完成本职工作，但不是你完成本职工作就会被提拔。因为领导还需要看到你的态度和执行力，感受到可控感和安全感，而这些都需要通过你向上汇报。

- 态度方面（软能力）：领导通常期待下属具备职业素养，情绪要稳定，有一定的抗打击能力。最好能看到下属积极向上、乐于学习和珍惜工作机会的样子。如果你只是默默地把本职工作做好，领导可能会觉得你是在按部就班混日子，对于本职工作之外的发展机会漠不关心，没有进一步发展的意愿，甚至会揣摩你为什么不亲近领导，是不是对领导有意见。

- 执行力方面（硬能力）：领导一般希望下属有高度自主性，但在具体的工作任务中又能区分哪些事情可以自行决策，哪些事情必须通过汇报并经领导认可才能执行。所以，闷头只干不汇报，一定会捅娄子、出力不讨好。一定要甩掉向领导汇报工作就是阿谀奉承的错误认知，在完成每一项工作的过程中，一定要多想想，如果我自行决定并执行，是否能承担相应的责任？如果不确定，就用领导喜欢的方式多请示、常汇报。

- 可控感（事情维度）：下属通常会有一个直属领导，但领导往往有多个下属，所以当你认定自己在兢兢业业工作的时候，如没有向上汇报，领导就会认为他的工作指令石沉大海，甚至觉得自己被架空，只因不知道大家的工作进度。同时，当你可以适时向领导汇报时，领导才能知道你工作中面临的困难和挑战，也会进一步了解你的价值，这也有助于你的发展。所以，真正顺风顺水的职场人都知道在领导面前"刷脸"的重要性。你看电视剧里的头号人物，通常都是镜头最多的那个。

- 安全感（做人维度）：下属都喜欢领导对自己说一句话，叫作"你办事，我放心"。这个放心有两层含义：一是领导对你的能力放心，二是对你的人品放心。你对公司的忠诚和对领导的尊敬要溢于言表，让领导感知到。再优秀的人，也难免有自私的一面。领导也是人，如果你功高盖主、自由奔放，领导可能就会感到不安全，别说提拔你了，没给你小鞋穿就不错了。所以，多请示、常汇报除了让领导更了解自己的价值，避免被领导误会或小人暗中破坏之外，还能表忠心，给领导安全感，千万别再只是默默工作了，要敢于面对内心的胆怯。

....

陈旧的职业观："在体制内工作，很稳定也很清闲，但工资太低。我该学点儿什么，还是辞职？"

错误的内核：这是一种典型的职业观模糊的观点，因为持这种观点的人认为这世上一定存在一份工作，稳定、清闲、工资高，关键还个用磨砺自己就可以得到。

正解：真相是，别做梦了！稳定、清闲且工资高的工作有很多，但每一个达到这种状态的人都经历了现实的磨砺，绝非只是考了个什么证书、看了几本"天书"就可以。一位 28 岁的女性曾经问过我一个问题，她说自己大学毕业后很想闯荡一线大城市，好不容易应聘去了一家大公司，但公司竞争激烈，她干了 5 年，还是干一些边边角角的活，自然收入也就没有实质性提升。后来，基于生存压力和自我怀疑，她听从了父母的建议，回到了老家，一个偏远的小城市，进入一家国企工作。但是，她觉得工资太低，工作又太清闲，所以，一再问我学什么才能赚大钱。我们聊得很愉快，她也逐渐放松下来，最后说我看人很准，她的确是喜欢学习，但有社交恐惧症。就连和别人说话，都不敢正视别人的眼睛，很多职场的应酬她也发怵。如果她一直这样，别说赚大钱了，她真的应该好好感恩父母，珍惜"收留"自己的公司。同时，要把格局放大，真正关心身边的每个人，向他人学习并随时准备帮助别人。唯有发自内心地想要帮助别人，不再一心只想着赚大钱，才能提升自己的实力，获得自己想要的结果。

申请和我连麦的每个人都很有勇气，更有对我莫大的信任，但我内心一直盘旋着两个成语，当然我并没说出口，那就是好高骛远、眼高手低。这不是个案，互联网时代，有这样想法的人很多，人性本就有趋利避害的一面，再加上我们轻易就能看到别人的高光时刻，却无法体会每个人背后的奋斗历程。

只有向下生长，尊重成功背后的因果规律，沉下心去做手头上的每项工作，用心对待身边的每个同事和客户，经常反省并明确自己的职业观，才能少走弯路，早日实现自己的人生理想。

陈旧的职业观："只要我很努力，哪怕工作出现失误，领导也不能说我，否则我就感觉很委屈。只要我不开心，就是领导的错，至少我得让领导知道我多委屈。"

错误的内核：这种职业观包含了 3 个错误逻辑：（1）主观上的努力本身就有价值；（2）工作是为了开心，不开心就崩溃；（3）领导有义务让我开心，要不然我就有理由怀疑领导的水平，并想要离开所在部门，甚至想辞职。

正解：每一个成熟的职场人都会认同这一点，领导想要的是下属把事情办好，至于倾听下属心里的苦闷和委屈都是不得已而为之。领导没兴趣也没义务倾听下属内心的委屈，因为领导不是心理咨询师，更不是父母。但是，很多人职业观模糊，经常忘了上班是为了什么，误以为是为了开心，所以经常被自己的负面情绪和消极信念绑架，做出很多幼稚的事。

直播间有这样一个故事，让我印象深刻。有位女士声称自己对工作"认真负责"，但在完成她所在部门的一项重要工作时，因为其他部门的同事疏忽，最终出现了严重的问题。我问她："这项工作是你们部门牵头并对结果负责吗？"她回答："是的。"我追问道："是你授权其他部门的同事帮你忙的吗？"她再次回答："是的。"于是，我问她："那你为什么没有及时提醒同事呢？毕竟是你要对这项工作负责，这是监督工作啊！"她说："我提醒了，但她还是忘了。"我由此得出结论，她缺乏结果导向思维。提醒的目的是让对方不忘，结果对方还是忘了，说明你的提醒只是浮于表面，心里对工作结果不重视。你得有种务实精神才行。"认真负责"的意思是要把工作做到实处，不是动动嘴，觉得不是自己的责任就行了。她表示能接受我的说法，然后她接着说道："问题最后还是解决了，虽然领导没说我，但她批评了给我分配工作的主管。所以，我觉得她一定对我的印象大打折扣了。第二天我就去跟领导解释，我得让领导知道我有多努力，我真的很重视，大部分工作都是我做的，也完成得很好。但是，我刚开口，领导就说不想听，还说让我下次注意就行，我还是坚持说完了，我得让她知道，我不是在混工作，而且事后我越想越生气，我觉得我不太适合跟着她干！"于是，我向她指出了上述3个认知误区：

- 如果职场人的价值可以依据其主观努力而非客观的工作结果来界定，那投标会上大家都应该诉苦，甚至图文并茂地展示大家有多么地鞠躬尽瘁？显然不是，当时连麦的这位女性也哑然一笑，表示接受。
- 如果工作是为了开心，不开心就崩溃的话，那就辞职好了，最好永远不去上班。每天去游乐场，看电视剧或者全球旅行吧！肯定开心！但是，你没钱，没发展，没有成就感，对吧！所以，工作不是为了开心，就算想开心，也应该是内求，而非外求。别人的尊重是自己用实力赢得的，别人的跟随是自己靠人格魅力征服的。不开心就崩溃的话，也应该尽快复原，想想如何提升自己，扭转局面，而非向领导宣泄，这样只会让领导进一步轻视你。

- 如果领导的义务是让下属开心的话，领导要做的也只能是凝聚团队目标，打造适宜的团队文化，为下属争取更丰厚的收益并为下属的职业发展考虑，而非像哄小孩儿一样哄你开心，更不是毫无原则地忍让。责任界定清晰，团队才能更有凝聚力。

最后，听完我的分析和引导，连麦的这位姐妹释然了，她喃喃地说："原来是这样！原来是我错了！那我怎么办啊？我太幼稚了！领导以后会怎么看我啊！"我说："你的这位领导很优秀，她没有批评你，只是批评了你的主管，在明确表示不想听你诉苦后，你要坚持说完，人家也听完了。所以，请你以后在实际工作中做出成绩，别让领导觉得忍着听完你的诉苦却是徒劳无功就好。别人怎么看你并不重要，重要的是你希望别人怎么看你，你就做出什么样的事情来。"

陈旧的职业观： "如果不满意现在的工作，我就去找新机会。只要新工作机会工资高或者感兴趣，我就跳。"

错误的内核： 这是一种非常普遍的职业观，不满意就跳，却说不清因为什么，同时，没有职业生涯规划的意识，单纯追求工资高低和主观感受。

正解： 持这种观点的人很多，因为对当下的工作不满意，会出现很多负面情绪和消极信念。人的精力有限，加上对自己的职业生涯规划不够重视，于是疏忽了审视当下的工作对于未来发展的意义。实际上，静下心来列出自己到底哪里不满意的确不容易，有些人甚至需要向专业的咨询顾问咨询后才能明确。所以，有的人本来条件很好，无论是学历、毕业后的第一份工作，还是个人业务能力，但跳槽过于随性和频繁，最终成了没人敢聘用的职场"跳蚤"。另一方面，寻找新的工作机会的确要考虑收入和个人兴趣，但发展空间、成长机会、企业文化和工作环境等因素也都很重要。有时候我会把找新工作和找结婚对象类比，耐得住寂寞，找到真正契合的工作没那么简单，心急也吃不了热豆腐。

....

陈旧的职业观： "领导根本不干实事，每天对我们指手画脚！真要他自己干，可能还不如我们干得好呢！想想就觉得不公平，有时候感觉特别来气！"

错误的内核： 这种观点之所以不对，主要是不理解领导的任务是什么，错以为领导的业务能力强才是关键胜任力。

正解： 如果你觉得领导的能力比你强才服气的话，说明你从来没有带过团队，没有做过管理者。因为管理者的根本任务不是具体做事，而是借团队成员之手，实现公司的目标。在此过程中，领导只需要引领团队成员，解决各类问题即可。每天盯着团队具体怎么开展工作，甚至陷到具体工作的细节里还引以为豪的人，很难让团队成员看到希望，获得成长。这就类似于太勤快的妈妈，没有边界感，最后把孩子变成妈宝男和妈宝女。所以，你觉得不公平，是因为你的目光狭隘，不具备大局观，对领导的工作目标、内容和压力不了解。你来气是精神内耗，在领导眼里就是幼稚和不可理喻。不丢掉这样的错误观念，你的工作态度很难有转变。即使面对优秀的领导者，只要对方的具体业务能力不行，你就很难欣赏领导，服从领导，也就很难被领导器重。

陈旧的职业观： "因为生育原因我辞了工作，几年之后面临二次就业，太难了。而且，每天下午四点多接送孩子，又要保证收入和几年前不要差太多，这样的工作太难找了。"

错误的内核： 这样的观点初看似乎没什么问题，甚至会引起一批宝妈的共情，但就是这样的观点困住了很多优秀的职业女性，其实这是典型的精神内耗，一不留神，你就成了自己思维的囚徒。

正解： 我的直播间就连线过这样一位优秀的女性。她曾经是旅游行业的佼佼者，生了宝宝后就辞了工作，一方面为了照顾孩子，一方面为了支持丈夫的工作。三年多的时间里，她克服了各种困难，几乎没让丈夫伸手帮忙带孩子。眼看着丈夫的收入和职位节节攀升，她内心开始焦虑。于是，在孩子三岁多上了幼儿园后，她萌生了再次就业的想法。但是，因为现在有了孩子，也不再方便从事旅游行业，天天带团了。当她意识到这个问题时，她变得极其自卑。每每想起再就业的念头，就感觉很迷茫。当我听明白她的问题后，我反问她："二次就业是真的难，还是感觉很难？"她没太明白我的话，于是她说："真的挺难的！我这么多年什么也不会，只会带团，干别的我都得从零学起。况且我家宝宝每天四点多就放学，我得接送，家里没有老人帮忙，老公又特别忙。哪有这么早就下班的工作机会啊！"为了让她提升执行力，减少她的精神内耗，我干脆直接问她："你的简历做了吗？你在招聘网站上投了几份简历？去面试过几次？你有请求你身边的亲友帮你介绍工作吗？"她听完支支吾吾地回答不上来，最后只说："我去几个招聘网站上看过，没有什么特别合适的……"我听出她声音里的醒悟，就放慢语速接着问："说实话，你是不是因为自己内心觉得很难，就没有采取多少具体行动？至于接送孩子的问题，你有考虑给孩子报延时托管班吗？或者和其他邻居一起雇一个专人统一接送孩子并代管两个小时？"说到这，她总算明白了，因为我听见她说："您这么一说，我突然感觉思路开阔了！以前确实没认真想过，可能是我心里还想把孩子当借口，逃避责任又焦虑将来的矛盾心理吧！谢谢老师，我明白了！"我怕她下线,连忙说:"明白就好,那么接下来就剩最后一个问题了!"她不解地问我:"什么问题?"我说:"既然你知道自己的问题是主观上太胆怯,而非工作真的很难找。那我得不让你怯啊!还得跟你说个实话。实话就是工作的确很难找,也很好找。说'好找'是因为你不挑剔的话,还是很好找的;说'难找'是因为找到你真正满意的任何时候都不容易。最后,你胆怯不是因为你能力不行,根本原因是你的自我认知不够全面,低估了自己。你这几年的全职妈妈生活,面对你丈夫的发展和自己没有收入的现实,你自然会迷失。你的沟通表达能力一定很好,通过你刚才的连麦,以及你说自己以前做导游很厉害;你的抗压力等心理素质一定很好,因为导游干久了总会遇到很多突发事件,你有一定的控场和应变能力;最后,没有老人帮你带孩子,全靠你一个人,你的自控力、共情力和做事情的统筹力都得到了实质的提升。你同意吗?"我话还没说完,她就已经一直在"嗯嗯嗯"地点头了,最后开开心心地下线了。

所以,我鼓励宝妈群体大胆地迈出家门,谁说事业和家庭只能选一个,人就活这一辈子,为什么不能平衡兼顾呢?困难和容易都是形容词,都是相对的,站在现在,规划未来,知道自己要什么,为什么活着,就会具备勇气和信心。况且,困难都是设想出来的,而出路都是摸索出来的。

直播间的故事

陈旧的职业观:"我是现代女性,所以就算我成家了,也要像男人一样抓住每次工作发展的机遇,不能被家庭束缚。"

错误的内核: 这种说法猛一听还挺先进,但你只要稍微一琢磨就会觉得不对劲——难道现代女性只能有这一种活法吗?为什么你明明是女人,非得像男人一样呢?家庭和工作就那么矛盾吗?

正解: 我始终把自己定位成研究女性内在成长的学者。所谓"内在成长"的概念并不高深,就是聚焦女性内心的各种烦恼并展开研究,比如职场、恋爱婚姻,还有亲子、自我疗愈和人生下半场如何度过等等。这些问题是不能完全割裂开的,因为人类最终追求的是幸福,但生活不够平衡,人就很难感到幸福。比如一个人的事业有成,但家庭四分五裂,她的心势必很难平静,牵挂、仇恨和抱怨等情绪就很难消除。所以,关于这个观念,我还是用一个直播间的故事来说吧!

葛思今年 32 岁,在一家体制内的单位做文员工作,和丈夫育有两个孩子,大的刚上小学,小的不到 3 岁。她说单位领导最近问她要不要考虑向上发展一下,但这个发展机会需要她到外地工作。目前她的工作很清闲,每天都能把家庭照顾得很好,去外地工作肯定会很忙,收入可能会适当地涨一点儿。

她说:"我现在跟我丈夫过得不好,婆媳关系也特别烦心,我一时还下不了离婚的狠心。两个孩子我肯定带不走,除非我在那边发展好了,买了房子,因为现在孩子的户口都在这边。我现在纠结的是两个孩子还小,但这次的机会难得,我该不该像男人一样去闯荡?"她此言一出,就燃起了我拯救这个家庭的欲望,但我不敢太直接,就假装随意地问她:"那你丈夫支持你去外地工作吗?"她说:"我不知道,他根本不管家里的事。平常我也见不着他人影,孩子都是他父母帮我带。"我又接着问她:"那你觉得如果你去外地工作,孩子的爸爸又不管孩子,孩子的爷爷奶奶能把孩子教育好吗?"她立刻回答我说:"肯定不能!孩子其实都是我在带,他们就是打个下手。我婆婆特别爱玩,孩子离了我肯定可怜!"听她说到这儿,我才敢说出我的观点:"工作中如果有好机会,一定是要好好把握的,但前提是不能以牺牲家庭为代价,否则得不偿失。因为工作是为了更好地生活,家都没了,你的工作也就没了动力了。对吧!"她似乎明白了一些,因为她若有所思地答道:"是啊!"于是,我乘胜追击:"我在直播间连麦一般是不帮别人拿主意的,因为决策最好是自己做,我只负责给你提供思路和分析。但是,你的问题很有代表性,所以,我就说说,如果是我,我会怎么做吧!"她连忙表示很期待,我接着说:"我觉得工作和家庭我都要,但每个阶段的重点不同,最终我要的是平衡。所以,我会感谢领导对我寄予厚望,甚至要向领导道歉,因为我让领导失望了。眼下二宝还小,我既然生了二宝,就要对二宝负责,把两个这么小的孩子丢给老人,我可舍不得。而且,我的婚姻现在出现了危机,危险和机遇是并存的,我要找机会挽回我的婚姻,让丈夫参与到家庭生活中来。我相信,如果我能和丈夫重归于好,缓和了婆媳关系,孩子就在我身边,我的工作干劲会更大。我们不能和男人比,也没必要比。这世上不缺男人,但能平衡家庭和事业的女人并不多。所以,对于事业发展,不怕慢,只怕断!我相信,只要我不忘初心,最后肯定是家庭工作兼得。"听完,她回答我的声音明显坚定了很多:"嗯!我知道该怎么做了!谢谢老师!"

陈旧的职业观:"我想赚大钱,但现在的工作很稳定,我又舍不得放弃,好纠结。"

错误的内核:俗语道,自古富贵险中求。稳稳当当挣大钱的机会大部分是骗子的说辞,所以,你根本不用纠结,因为那所谓赚大钱的工作你不一定能胜任。为什么我会说得这么肯定?因为你留恋稳定,志向不远大,目标不坚定。不聚焦的人,效率往往很低下。

正解:王倩在银行工作快 8 年了,内部竞争激烈,她始终没机会晋升,她自己的原话是:"老师,我现在是穷得很稳定!虽然工作环境很好,接触的人脉也都很优质,但我年过 30 岁,不能再这样混下去了。我得赚大钱!我有个客户给我介绍了工作机会,是跑市场的,可能要经常出差,但提成很高,如果我过去能做成几单,收入肯定比我们分行行长收入还高。"我听完就顺着说:"那你如果真的了解好了,就去试试呗!反正年轻,多积累一些经验也挺好!"她听完立刻补充说:"但是,我怕万一干不好,最后什么也没得到。现在毕竟还有个稳定的工作,放弃了可就回不来了,我下不了决心。"我听完哈哈大笑,笑完才假装很为难地对她说:"那你太难为我了,我怎么能帮你做决定呢?我只能祝你早日赚大钱,工作很稳定!"她听完有些失望,于是说道:"那您就都给我分析分析呗!我不逼您拿主意,我就是想听听您会怎么选?"我看事情躲不过去了,便慢慢地说:"首先,我和你不一样,就算同一个人,在不同时间段的职业诉求也不同。我不了解你的家庭情况、你的净值有多少、你的性格和对未来生活的期待,但这些你都要考虑到。所谓人间清醒,就是不忘初衷。你到底要什么,你得自己想清楚。一个很有意思的事就是,你越是想不清楚,你就越纠结,总觉得鱼和熊掌不可兼得。但是,等你想清楚了,态度很笃定、干劲十足时,你会拥有平衡工作和生活的信心。也就是说,这世上是有能赚大钱又很稳定的工作机会的,前提是你的能力和素质与之匹配。与其纠结,不如去和那个客户多了解一下,看看新的工作机会你有多少胜算,甚至可以再去人才市场投简历,看看有没有其他的机会。"她听完若有所思,道过谢之后下线了。

同时,我瞥见评论区里都在评论:"太贪了!什么都想要,最后肯定是一事无成!"还有的人说:"这是人的通病,都想躺着赚大钱,怎么可能!"要是你,你会怎么评论呢?

直播间的故事

1. 能干，更要高情商

////// 故事 1　一个不会请假的项目主管 //////

小妮说她自幼被父亲打压指责，至今说起来，还是各种不平。但是，她自己不知不觉中，也变成了父亲，总是只顾照管自己的心，从不考虑别人的感受。一次春节过年回家，她有驾照但没经验，手痒痒，就开着父亲的车去玩儿，不小心被人追尾。回到家，父亲就开骂："你干什么吃的！谁让你动我的车了！"小妮不服气地辩驳道："这又不是我的责任，是对方全责！"我问她："你被追尾，是对方的全责——这是你和对方司机之间的权责问题。但是，你没经你父亲同意就开他的车，你考虑过他的感受吗？你有换位思考吗？"她半天才反应过来，问我说："难道我错了？"我笑笑没回答，只问她还有别的问题吗？

她说："那我说个职场问题吧！我工作好歹也有六七年了，对自己的工作还是很胜任的。我们公司是高科技公司，平常都是项目合作制。这个项目上可能你是我的领导，下个项目上我就是你的领导。所以，严格意义上来说，那个人跟我只是同事，但最近这个项目她是负责人。我明明已经把自己这部分工作做完了,她却非通知我们都去加班。上一天班就够累的了,我凭什么陪她去加班,所以我就没去。但是,我让别的同事帮我跟她说了。她第二天居然给我打电话,说我不尊重人。我觉得没跟她直接请假,确实是我的不对,就没说什么,等她说完我就挂了电话。结果她居然跑到同事群里公开@我,说我不尊重人。我懒得和她一般见识,就在群里道歉了。可她还是不依不饶,隔天居然在开会的时候指桑骂槐。我觉得她太小气了,反复说这件事有意思吗?这么点儿小事值得总提吗?老师,遇到这种小心眼的领导怎么办?"

首先,这件事可能对于你来说是小事,并且早就过去了,但对方不想让它过去。可见,这不是一件小事,你做的不周全的地方至少有3个:

- 先斩后奏。直接向负责人请假并征得允许,才算请假成功。你没请假,只是让同事捎个信,而且无正当理由,这是第一错。项目负责人要通盘考虑问题,每个人统筹项目的思路不同,项目组成员可以提出不同意见,但整体步调要一致,才好随时调整。
- 无礼挂断电话。第二天,负责人单独给你打电话,就是想让你道歉,你却只是在心里自觉理亏,听完就挂了。你是在心里给她道歉了吗？你在心里想了想，别人就能听见吗？

- 被胁迫的道歉毫无诚意。负责人在群里公开@你，已经不是在和你对话了，而是让其他项目组成员知道她的边界，树立她的权威，你的道歉为时已晚。此时，道歉远远不够，你要做的应该是当着其他项目组成员的面，向负责人道歉。敢做敢当不丢人，错了不道歉才丢人。

所以，隔天她才在会上指桑骂槐，那就是在给你公开向她道歉的机会，你却再一次选择了忽视。你们之间的梁子结下了，是从你一开始不信服她的领导方法，随意请假，到后面不换位思考，两次错过了道歉的机会，这让她对你的印象很难好转。这位负责人并非小心眼儿，只是你没遇到过这种事，不懂她的心思。

其次，这位负责人的心思是怎样的呢？

- 小小的不解和不悦。她很认真，愿意和大家一起加班把项目完成好。现在的沟通如此便利，一位项目组成员却不听指挥，还让别的项目组成员给自己捎话。这种请假方式里暗含着不尊重和不服气，她肯定能感受得到。
- 恼羞成怒。她压抑着小情绪主动给你打电话，实际上就是想听听你怎么说。如果你能说出找别人捎带请假的理由，她也会接受。但是，你没有提供任何理由，听完居然把电话挂了。这简直就是公开挑衅她的权威。所以，此时她才真正开始感到愤怒，而愤怒的背后是恐惧——她害怕每个人都像你一样，散漫自我，不听调令。所以，她需要建立权威，让别人不可以模仿你，于是才会去群里说你。
- 焦虑不安。面对你在群里轻飘飘的道歉，负责人肯定是不满意的，所以她才会在会议上重申纪律。重点必须被重复，此时她针对的不再是你，而是团队中骚动的氛围，更是她内心对于项目是否可以顺利完成的担心。

再次，高情商的人做事往往会换位思考，更会为自己日后留余地。既然你们公司是项目制，如果将来你当项目负责人，别人同样想来就来，不想来就不来，你如何开展工作？你的项目成员没来，没请假，你不知道怎么回事，成员居然知道，你还能有掌控感吗？

总之，不是负责人小心眼儿，而是你没有换位思考，做事不周全。一要避免以后出现类似的问题，警惕负面情绪和骄傲的心态；二要和对方真诚地道歉，不求和好如初，最起码让对方知道你的诚意，缓和一下关系就好。

故事 2 一位业绩突出、评优却屡屡失利的女性

玉卿今年 38 岁，在一家国有单位上班，业绩也一直排名靠前，但是每年的评先进却没她的份儿。

她说："这几年我们金融行业的日子都不好过，跳槽也特别难，

加上又是国有单位，相对稳定，我也不想跳槽。但是，我心里特别不平衡，业绩年年靠我干，评先进却只有那些会在领导面前表现的人才有份。我们大领导很认可我，有一次工作汇报，大领导刚好找我们领导说事，就坐下来听我们汇报。记得讲完以后，我们大领导说我很努力，很看好我，我真的是备受鼓舞，只可惜他不直接管我。我的直属领导特别小心眼儿，尤其喜欢那种溜须拍马的人。我每天工作就够累的了，哪有工夫去讨他欢心，可是我又想评上先进，因为评上了就有奖金。想想我们单位评先进的标准也是奇葩，六成是同事们不记名投票，四成是我们直属领导给分。您说说，这里面根本就没有业绩好这一条！太多的人情世故和暗箱操作了！好多同事简直是竭尽全力，使尽浑身解数。反正我是实在看不惯！我觉得我是靠实力吃饭的，为什么总有人走那些歪门邪道？"

首先，什么叫实力？职场上，真正的实力是通过努力，可以心想事成。简单理解是业绩能力强，领导信任，同事支持，同时，自己对收入水平和所在职级都很满意。就像人要靠两条腿走路一样，职场要想发展得好，就得是智商和情商都在线。很显然，你只是业务能力强，业绩好也不能说明你智商在线，为什么？原因很简单：你想评上先进，也知道评先进的标准里没有业绩好这一条，而是同事和领导的支持，你每天却还是苦哈苦哈地把所有精力都放在完成业绩上。那评先进怎么可能有你的份呢？当然，如果你不认同这种企业文化，觉得很务虚，你就不干，跳槽也行，或者放弃和评先进挂钩的奖金。但是，你不想跳槽，不屑于在领导面前表现自己，又想评优，那你不是很分裂吗？

其次，通过你上面的表述，我发现你有两个错误认知：

- 在领导面前表现自己，从来不叫走歪门邪道，而是职场精英都秘而不宣的秘密。虽然你每天上班很累，但领导一定比你还累，只不过很多领导累的是心，你无从感知而已。所以，领导不可能对每个下属的工作情况都做到了如指掌，当你只是闷头做事的时候，领导就会忽略你，甚至觉得你是不是在混日子。所以，升职加薪或评上先进的秘诀是"领导赏识你，拥有良好的同事关系，做出突出的业绩"，且这个公式的顺序不能变。
- 大领导不是认可你，只是人家情商高——大领导心知肚明，他对你并没有直接管辖的必要，又正好听到了你的工作汇报，或许只是人家那天心情好，或许是人家想在你或你们部门面前展现一下亲和力，所以才说了些面子上的好话。他真要直接管你，不知道会把你批成什么样呢！我们很多人都觉得大领导好说话、没架子，其实，这是一种错觉，因为人家犯不上说你。不信，你可以采访一下那些每天需要向大领导直接汇报工作的中高层。

再次，你要做的是重新调整接下来的工作计划：最多八成的精力放在工作上，留出两到三成的精力用在人情世故上。前半年重点做领导的工作，让领导知道你对他的尊敬、感恩和誓死追随的心意；下半年重点放在同事情谊的建设上，虽然他们很难帮助你实现职业理想，但他们中随便一两个人使坏，就会让你难以承受。

在处理同事关系的时候，需要谨记：

- 生命在于运动，资金在于流动，人情在于走动。千万别走极端，要么跟谁交心到无话不谈，要么跟谁完全不对付——这都不是成熟的做法。你要像蜻蜓点水一样，静静地飞过湖面，不在任何一个地方稍做停留。顺手的忙该帮就帮，帮了忙不图回报，就是让人欠着你的；自己有需要别人的地方也直接说，礼尚往来，相互麻烦，这关系才能热乎起来。
- 要有结盟意识。平常稍加留心，看谁是领导跟前的红人，选一个最红的，或者你比较欣赏的，慢慢靠近，结成同盟。用你的优势吸引对方，让对方对你产生长期的依赖，这样领导面前，就有人替你说话。同时，也要分析哪些同事相对较弱，无论是能力弱，还是资历浅，这些人都有可能成为你的嫡系部队，你要做的就是当他们的及时雨，让他们对你感恩戴德，关键的时候给你一票——这叫"放长线，钓大鱼"。
- 更要学会低调。经营你的人际关系，没必要让全公司的人都看出来你变了，更不能让别人看出你的野心。尽量和你以前保持一样的行为模式，但私底下要展开紧锣密鼓的计划。哪怕是谁单身，你都可以关心一下，做个牵线搭桥的热心大姐；或者谁身体不舒服，你可以照顾一下，甚至帮他们打个掩护，能多休息一会儿。小范围的聚会可以联络，但一对一的聊天才最有效，只有一对一的沟通，才有可能走进对方的心，因为你在共情对方内心的时候，完全不必再照顾其他人的感受。

总之，年近40岁的女性，在国有单位的晋升空间会越来越少，相应的，待遇上升机会也所剩无几。如果你现在能意识到自身的问题和错误的思想，那么，再向上迈几个台阶还是有可能的。无论是领导的信任，还是同事的祝福，就像业绩一样，都需要你靠实力去赢得。

直播间的故事

2. 明确职业生涯规划，才能少走弯路

////// 故事1　一位面临职业发展瓶颈的资深保险人 //////

佳俊今年38岁，在保险公司一干就是10多年，但现在遇到了职业发展瓶颈。她曾担任过内勤的基础运营、个险培训、主管和部门经理等。去年，公司领导找她谈话，想晋升她做机构负责人，管理整个条线，无论从级别和权限上都等于上了一个新台阶。但是，佳俊选择了拒绝，原因是担心自己干不好，生怕会更辛苦。这期间领导找她谈过两三次，最后，看佳俊一直推三阻四，只好作罢。之后不久，或许是领导认为她已经没有更高的追求了，所以让她配合做一下工作调整。

她说："我们平常上班就挺累的，虽然一个月有1万多的工资，在我们这儿算高工资，但毕竟是快40岁的人了，孩子明年又要高考，我真的有些吃不消。刚好公司变革，领导说我们的岗位都得调整，让我专门负责培训。虽然我很擅长讲课，但总觉得不太对劲，因为培训岗是基础岗，根本没有发展机会。而且，培训的工作量很大，又不是

核心业务部门，工作很难开展。总之，现在这份工作对于我来说，毫无发展可言。我又不能辞职，因为到了这年纪，再找工作不容易。而且，我最近又投资失败，亏了100多万。当初真的不应该轻信亲戚的，我把钱放他们那儿，结果他们投资失败，我快气死了！"

首先，如果你自己没有清晰的职业规划，那么肯定会被别人规划。总体而言，在公司内部发展有两个方向：一是技术路线，二是管理路线。很显然，你不是外勤，保险公司的外勤工作主要是向客户推广保险产品和服务。内勤工作主要是服务于外勤工作，比如录入客户的保单信息，接受客户报案申请，通知现场勘察人员现场查验以及审理各种理赔材料等。也就是说，内勤工作烦琐、细致，需要有标准化的管理和职业化的行为习惯，虽然稳定，但收益远不如外勤做得好的人。既然你干了十多年的内勤，那就应该走管理路线，可是你到手的机会不要，难怪遇到瓶颈。公司提升员工的职位和收入，首要考虑的永远不是你过去做了什么贡献，而是未来你还能为公司带来什么。你却坦言怕自己干不好，这是不自信（如果第一次你说自己干不好，那叫谦虚，但找了你好几次，你还是拒绝，真是太不应该了），还说怕太累，这几乎等于告诉领导"我准备躺平了"，那领导不治你治谁？你知道吗？公司想要排除一个人的方法，通常就是把这个人调到一个毫无发展的岗位上，让人知难而退，主动请辞。

其次，路是趟出来的，不是别人给你指出来的，别人给你指出来的，只能是方向。或许你要负责的整条线工作的确很难开展，但适当谦虚一下，还是应该接受挑战。原因很简单：干不好，可以学。但是，你连机会都不抓，怎么可能学到呢？当你在一家企业干到某个层级之后，跳槽到新的公司，级别通常也不会有大幅下滑。怕干不好的本质是你不愿意接受挑战，不想与时俱进，而挑战未知和终身成长思维都是管理者最需要的素质。你真的应该反思一下自己，这么多年来，是不是每天像个执行任务的机器一样，只是在用力工作，工作之余并没有用心提升自己的业务能力。保险公司的产品有两种功能：一是保险，二是投资，你好歹也算是资深保险人了，怎么能轻信别人呢？这就是不学习的代价啊！

再次，人只有接受现实并聚焦未来，才能把握好现在。你目前有两个发展方向：一是内部再找发展机会，二是考虑离职创业或做个自由职业者。寻找内部的发展机会首先要重新赢回领导的重视，在现有培训岗位上做出成绩来。保险公司的培训力度很大，也非常倚重培训，比如新型保险产品大家需要及时学习、外勤的工作热情需要每天激发、组织各种针对准客户群体的沙龙活动等。如果你可以深耕培训，做出很多标准课件，并培训其他部门的同事都来讲课，你就不一样了。如果你可以配合外勤人员组织会销活动，促进更多业务成交，领导一定会对你刮目相看。总之，工作中不能怕难，因为会者不难，学会了就好了。另外，我不建议你跳槽，因为圈子很小，在这家公司遇到的问题，到了新公司还会遇到，但你可以考虑创业或做自由职业者。这需要你梳理自己手上的现有资源，看如何运用，甚至可以和丈夫商量，只有创业才更有可能挣大钱，这是不争的事实。或者你不想太冒险，就做自由职业者，向他人分享你的从业经验，积累属于你的粉丝，达到一定数量的粉丝，就可以考虑变现。你以为的常识对很多人来说，可能就是知识，普通老百姓甚至都不知道那些保险产品和里面的门道。比如买保险怎么省钱，如何能获得更高额度的理赔等。

总之，不怕面临职业生涯规划，只要感到痛苦和迷茫，就是内心想要更进一步的信号。你已经比那些平静却绝望地活着的人强太多了。加油吧！

故事2　一位资深法语翻译的转型困惑

吴宁在一家外企工作，已经做法语翻译十几年了，老板是一个法国富豪。虽然吴宁结婚很早，但一直没生孩子，所以工作之余，只要有时间，就会来我的直播间。慢慢地，她的心态和行为模式发生了改变，不到半年，收入翻了好几倍。我看到她在直播间的发言，感到很好奇，就让她连麦具体说说，到底是怎么回事。后来她还专门找我连麦问关于职业定位的问题。

她说："其实很简单，首先，我本身能力是有的，就是以前总觉得我把我自己的翻译工作完成就好，别的事跟我无关。其实我们老板有很多资源，他们一家老小又都在上海生活，所以，我就像您说的，逐渐让他'依赖'上我——即使不是我的本职工作，只要没人做，我有时间，能干成的，我就主动去做。后来，我的富豪老板隔三岔五给我发红包，这方面他很'任性'。年底我又领到一笔奖金，算下来今年的收入就比去年翻了好几倍。春节前，我还清了房贷，给父母一人封了一个大红包，还给我弟买了一辆车。我知道挣死工资是不行的，所以，今年我想尝试转型，但一直没想明白怎么定位。您说定位就是定江山，所以我很慎重，也有点儿纠结，我大学学的就是法语，也干了这么多年，但学法语的人少，想做翻译的人更少，所以我怕转型这条路不好走。我喜欢研究女性成长，这个方向的受众也很广，但我的从业背景里没有相关资历，所以害怕师出无名，别人不信任。您能帮我分析下吗？"

首先，关于定位，你可以问自己 3 个问题：

- 你过去是靠什么为生的？有人曾经为你的能力买单，说明你的能力也是别人想要拥有的。
- 你对未来的发展方向有什么想法？你感兴趣的女性成长方向的确受众很广，但你需要找准撬动市场的细分领域，找到突破口，这样你的影响力就可以大大提升。
- 你手头上都有哪些资源？一定要加强轻投资创业的意识，即前期不要投入太多，这样心态更轻松，进可攻，退可守，充分利用手头资源，也能更快获得收益。

具体说来，是什么拯救了你，你就拿什么去拯救世界。能在那么短的时间内顿悟，并大幅度提升自己的收入，说明你不是一般人。所以，你可以现身说法和别人分享，这很有说服力，也很吸睛。反观法语翻译这个方向，深耕下去只能是小众市场，你只能走高客单价，这是一条路径，但你既然想转型，内心或多或少都有倦怠的意思。所以，我建议你将自己定位为职场导师，为大家分享从业经验，尤其是外企工作的经验。比如怎么跟老板打交道，如何获得老板的信任等。职场不是男人，就是女人，你不用标注自己是女性成长导师，但你的粉丝用户肯定还是以女性为主，且职场女性居多，而这部分女性群体本身就是最有购买力的人群。所以，职场导师的定位精准有效，且有说服力，你可以考虑一下。

其次，定位之后就是个人品牌的推广阶段。我自己在打造个人品牌时，一直坚守着3条原则，现在拿来和你分享：

- 我要成为某方面的"第一"。比如我当时给自己定位为"女性成长导师"，我也曾和你一样迷茫，因为这是一个特别笼统的概念。所以，我后来申请了一系列女性成长的国家版权课，比如《女性情商课》《女性逆商课》和《女性财商课》等。这些课稿是我基于女性大脑、女性生理特征和本就有的大范围概念融合后提出来的。从某种程度上，我成了"唯一"，我是"第一人"——当然唯一就是第一，这样做市场就会轻松很多。

- 我要永远学习下去，因为不懂的东西太多了。越学习人越谦卑，我深有感触。所以，我知道我不是第一，我也没有真正想要成为第一。我是和自己比，向别人学，因为比我优秀的人大有人在。但是，我的定位必须是某个细分领域的"第一"，当提到某个概念时，别人第一时间会想到我，所以让别人知道我是第一，而不是以第一自居，这两者之间有本质的区别。
- 推广个人品牌最好的方式不是拿钱砸，而是夯实自己的基本功。基本功有两个：一是业务能力，二是粉丝基础和用户口碑，这两者缺一不可。所以我每次上直播课都会认真准备，每个连麦的人的内容我都会记下笔记，真心以待。总之，向上学，向下帮，每天把自己掏空，然后再拼命学，这样就形成了良性循环。

再次，既然你的富豪老板人很豪爽，资源也多，那就继续上班。毕竟在大上海立足，光有房子还不行，还需要人脉。所以，我建议你利用业余时间尝试转型，录制短视频，下班时间做直播，而不是辞职。对于很多想要转型的职场人士，我也在此一并提出这个建议：有工作，就能有新鲜的社会资源和第一手的职场案例，这些对职场导师来说都非常重要。所以，做好充分的心理准备吧！转型就意味着要牺牲很多娱乐时间，甚至是睡眠时间，但这一切都值得，加油吧！

总之，定位的问题很关键，定位模糊就会做很多无用功，急不来,但不能不思考。期待优秀的你可以快速崛起,因为在未来,你会让很多人受益!也祝福每一个优秀的职场女性可以意识到自己身上的使命:穷则独善其身,达则兼济天下,这里的"穷"和"达",也可以理解成能力和素质。优秀的人更应该有高定位,不能像普通人一样,活着只是为了吃饭。除了吃饭,咱们还得有点儿更高的追求啊!

故事3 一位迷迷糊糊的未婚女性

张梦今年29岁,在择偶方面,一直认定"宁缺毋滥"。因为她始终没遇到合适的结婚对象,于是单身至今。她把更多心思放在了工作和学习上,折腾了这么多年,却没有可圈可点的地方,甚至最近还出现了经济困难。

她说:"我原来在一家物流公司做人事主管,虽然是学人力资源的,但是我不喜欢。纠结了好几年职业发展方向,后来,我下定决心要活出自我,所以就辞职了。辞职以后,我打算做教育,因为这么多年来,我最喜欢的还是学习,真的特别怀念以前上学的日子。刚开始我跟一个做培训的朋友一起干,毕竟我对教育行业完全不了解。我也不要工资,我朋友也是刚刚起步,我给她当课程助理,想着只要能学到东西就行,结果一年到头也没赚到钱。后来,我就去了一家培训公司,想着至少有稳定工资,结果刚去就碰上了疫情。对整个培训行业来说,这几年都是冬天,很多项目停了,老板也没办法。最后,我决定自己干,尝试通过直播的方式打造自己的品牌。我尝试过对口型，读书，甚至带货，也学过很多付费课，比如朗读课、亲密关系经营、服饰穿搭、情商和财商课等，但都觉得走不通。我不知道怎么回事，难道因为我放不开？后来这些业务就都停了。折腾了几年，我已经把以前上班的积蓄都花完了。现在我很想找一个定位是女性成长方向的公司打工，但很难找。您能给我出个主意吗？"

首先，帮你出主意之前，首先我们要把你的问题描述清楚。在我看来，你的问题按紧要次序来排，主要有两个：

- 生存问题。你现在想去一家定位是女性成长方向的公司工作——因为没钱了。
- 发展问题。你想通过直播推广自己的品牌，却没有章法——因为没经验。

其次，当问题摆在眼前，你的思路就会更清晰。你现在最迫切需要解决的问题是怎么能填饱肚子，所以，不要纠结是不是女性成长方向的公司，只要给钱多，有一定的业余时间就可以。因为这份工作一定是暂时的，你将来是要打造个人IP的，再好的公司你也很难长久干下去。你一直纠结于此，原因就是你没理顺生存问题和发展问题。当然，我相信最佳方案是找到一家你满意的公司，但给人打工几乎都要做很多你认为无助于自己将来发展的事,没有完美的工作。深究一下,为什么你这么努力,却落到现在的地步?原因是你的思维认知需要迭代。你不应迷迷糊糊,瞻前顾后,比如:

- 一冲动就辞职,辞职后再寻找方向 —— 建议你最好骑驴找马,在职状态去求职或求发展时,你的心态更平衡,这样你进可攻、退可守,不至于太狼狈。
- 跟一个光杆司令且没有任何创业经验的人干,还不要工资,美其名曰能学到东西就行,却又因没赚到钱离开 —— 你这是自相矛盾,不好意思谈钱,活该受穷。
- 当你重新返回职场,进入一家培训公司工作时,只是闷头做事,并没有了解整个行业的动态。因为你说对整个行业来说是"冬天",但那是你的结论 —— 很多培训公司在疫情期间,推出系列线上课,赚得盆满钵满,甚至有的培训公司签约有实力的老师,推广短视频并直播卖课。所以,你这里又败在了不了解行业动态上。
- 你不得已而为之的直播其实是个机会,但你没有坚持,没有找到榜样去学习 —— 创新从模仿开始,不能因为放不开就停播,因为播的多了才能放得开啊!

再次,我们来说说具体怎么办的问题:

- 找份工作,这是权宜之计。给钱多,有业余时间就好。好好工作，同事和老板将来可能都是你的粉丝。

- 锁定女性的自我管理方向加紧学习。虽然之前你学了不少，但你明显感觉定位模糊——一个博主不可能又朗读又教人穿搭，同时还能讲情商和财商，即使你再牛，一开始也要找到一个切入口。你至今未婚，所以我建议你暂时放弃亲密关系的方向。想让市场信服于你，就要从你学过且能做到的方向开始。
- 制订学习计划，比如阅读计划、写作计划、短视频拍摄计划和直播计划。每天拼命学习，及时掏空自己，让自己保持"饥饿感"。别怕慢，就怕断，经营个人品牌关键要有恒心，一个个活生生的陌生人凭什么关注你，就是你能为别人持续带来价值。

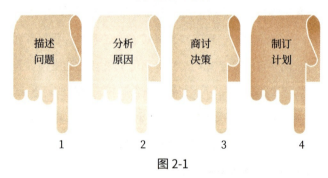

图 2-1

总之，很多人以为自己的定位很明确，脑子很清醒，但是过于模糊的方向无法避免你栽跟头，没有赚到钱就说明认知不够开放或行为不够坚持。读书和赚钱是人间最深刻的修行，读书让你清醒，赚钱让你笃定。

3. 努力工作不只是为赚钱，更是为健康和自由

////// **故事** 一位 31 岁就有职业病的美甲师 //////

佳佳今年 31 岁，大学毕业后，进了一家机关单位工作，虽然她不情愿，但自己也没找到更合适的工作。转眼 5 年过去了，佳佳父母每天都发愁，因为单位一直没解决佳佳的编制问题。佳佳眼看着自己干得多，拿得少，心理很不平衡。后来，她干脆辞了职，去外地租房子，花钱学美甲美睫了。她看好这个市场，觉得很多女孩儿都需要这些服务，她自己更是没少在这方面花钱。学完以后，她也不打算回家，因为她父母不同意她干这行，一回家肯定是每天被唠叨，所以就留在当地打工。3 年下来，佳佳没少赚钱，但也得了职业病，因为这份工作要长期低头弯腰，所以她的腰和脖子都很疼，尤其睡觉的时候特别明显。于是，她只好打道回府。几年的对抗下来，佳佳的父母也不敢多说了，毕竟女儿没少赚钱，身体又不太好。佳佳听从医生的建议，休养了半年，什么也没干。虽然父母不催促自己找工作了，但坐吃山空也不是长久之计。后来一家美容院愿意给

她提供几平方米的经营场所,让她为美容院的客户美甲美睫,每个月给美容院交管理费就行。双方谈得很好,很快她就重操旧业了。但是,职业病就是这样顽固,你没办法欺骗身体的。虽然美容院的客流量很大,但佳佳的身体又吃不消了。

她说:"我还没结婚,但不服老真不行!我这才干了3个月,身体就不行了,你别看我看着跟个健康人似的,低头时间稍微长一点就难受。有时候客户等久了就走了,眼看着到手的钱却挣不着,每个月的管理费却一分钱也不能少交给美容院。急死我了!我妈让我把这个摊位转给别人,但这是我好不容易才找到的买卖,怎么可能轻易转给别人呢?我爸让我雇个人帮我干,但雇个人干,我要不在,她单独收了客户的钱,我怎么办?所以,我现在真的好迷茫,干也不是,不干也不是,我到底该怎么办?"

首先,一切都要以健康为重。你别再自己单干了,别再拿命赚钱,不值得。我建议你听爸爸的话:招聘员工,你来当老板。你不用担心员工会接私单,这是最基本的管理问题,你可以:

- 跟美容院老板商量一下,你花钱,对着你的营业区域安装两个摄像头。你的说辞可以是担心设备被盗,到时候美容院也说不清楚。这样讲,美容院更容易答应你。

- 和员工签订合同，写明一经发现员工类似接私单的事情，就扣发其当月工资。
- 把刷卡缴费的二维码图片打印得大一点儿，放在稍微边上的位置，这样便于你后续查看录像。时间的关系，你不可能1倍速看，高倍速看回放的时候，如果每个客户缴费都需要站起来去到一个地方，你就很容易发现猫腻——消费完就离开，不去扫码缴费的，就可能有问题。
- 雇用两个员工，她们可以相互监督。你偶尔当着她们的面，只和一个人单聊，她们就会生出异心，没有"铁板一块"的关系，这样就会相互制衡。你安枕无忧了。
- 和员工绑定利益。你已经自己干了一段时间了，你知道人流量大、工作饱和时能接多少单。所以，你可以制定绩效浮动工资。如果她们每个月的业绩达到一定数量，你可以给更高比例的提成，这样她们自己就能算账了。当她们意识到接私单会浪费她积累业务目标时，自然不会动歪脑筋。

其次，你还可以再去多找几家美容院，就像开分店一样。除了美容院，你也可以找一些鲜花店老板和理发店的老板谈。如果你手上有些积蓄了，你还可以自己做工作室，通过付费，在美团等平台上招揽客户，吸引工作室附近的人上门消费。当然，这是后话，我鼓励你不投入，少投入，使巧劲儿。赚到钱以后，再做适当的投资。刚开始，你可能担心两家美容院的老板如果知道了，同时把你扫地出门，但这种担心毫无意义，这是执行力差的人想出来的莫须有的问题。之后，你会迈大步往前发展。但是，一定要注意，人才始终是企业的核心竞争力，你得和员工多培养感情，多规范她们的言行，培养出成熟的员工再和别的商家谈合作。到最后，你甚至可以给员工划定级别——高级别的可以成为你的合伙人，较高级别的可以成为讲师，帮你带徒弟。你还可以收学费，因为有了自己的工作室，你可以给优秀学员提供就业机会。如此这般操作，你就建立了一个良性循环的产业链。

再次，当市场达到一定规模之后，你还可以增加业务范围，有时企业就应该"不务正业"。尤其你的目标客户大多是注重自身形象的女性，美甲美睫的操作过程又比较安静和闲适，所以你可以考虑顺带卖小饰品、美容品、贺卡、装饰画和个性的杯子等。

总之，努力工作不能只是为了赚钱，更要注重健康，还要为自由努力。再高薪的工作，一旦需要付出健康的代价，那就是在拿命换钱。你拥有了多年的实操经验，在当地又找到了这种轻投资的方法，是时候创业了，边学边干吧！

4. 转型，首先要储备可迁移的底层能力

////// **故事** 一个大区负责人的执拗和困惑 //////

于丽萍今年 39 岁，和丈夫在北京打拼，有个 11 岁的女儿。丈夫在体制内工作，平时接送孩子有公婆帮忙，这给了她一个安稳的"大后方"。丽萍从小就要强，工作以后更是拼命，从基层销售，一路升到了大区销售负责人。起初，她是为了证明自己，总怕父亲贬低自己，因为父亲很严厉。小时候，就算她考了 100 分，父亲也会让她不要太骄傲，甚至还会认真看卷子，说考题太简单了。现在，丽萍马上进入不惑之年，她越来越怀疑人生，总觉得现在的一切不是她想要的。于是，她开始利用工作之余的时间学习，考了很多证书，报了不少培训课，但是一直没有切实的改变。

她说："我丈夫跟女儿的关系更好一些，他们在一起的时间更长。有时候，我都怀疑，如果我不能挣这么多钱，他还会不会跟我过下去。我忍耐我爸很多年，我没有办法改变他，但我内心真的是失衡的，别看在公司大家都喊我'于总'。我现在很困惑自己的职业

发展方向,我知道在这里干下去还会有很大的发展空间,但我不喜欢这份工作——有开不完的会,出不完的差,陪不完的客户。有时候,我羡慕我丈夫,他有一个能挣钱的老婆,他可以安心在家,上班带孩子两不误。我一直对心理学感兴趣,也很喜欢研究亲密关系,但我不敢辞职,一年半载不上班,条件也不允许。可我是个工作狂,做事情必须一门心思干一件事,所以,如果往女性成长方向发展,又必须辞职。好矛盾啊!"

首先,你所有的纠结和矛盾都基于恐惧、贪婪和无知——恐惧变化带来的冲击,贪恋既已有的一切,不知道自己正在失去最宝贵的时间。面对这种重大决策,你需要问自己3个现实问题:

- 未来一段时间,你的家庭需要多少固定开支?
  如果你的储蓄或者被动收入可以覆盖固定开支,你通常不会纠结。如果不能覆盖,那就暂时隐忍,少花钱,多攒钱,保守理财,先实现财务自由再说。
  所以,穷人更容易纠结。越纠结,错失的机会越多,最终进入恶性循环。
- 如果辞去现在的工作,你能活多久?
  要给自己一个心理预期,比如我半年之内必须变现,这种明确的预期是一种非常有效的、积极的心理暗示，能更大地激发你的潜能。

- 你目前的能力和你的收入是否匹配？
  很多人之所以不喜欢现在的工作，只是因为不满意收入，如果工资翻几倍，肯定会乐此不疲。

其次，这是一个发展的问题，不能只考虑实际问题，一定要有战略思维。毕竟有很多人在转型初期举步维艰，甚至负债累累，但成功后都很庆幸自己当时的笃定。所以，你还需要考虑另外3个问题：

- 你想转型的行业和你目前所在的行业分别处在哪个发展阶段？
  锅越大，肉越多。有些行业你干到头也很难实现心中的理想，因为每个行业有各自不同的发展阶段，如新兴阶段、成熟阶段和夕阳阶段。处在夕阳阶段的行业，大家都在争当"斜杠青年"，你再不考虑出路，那就是开车以120千米的时速往海里冲。处在新兴阶段的行业，只要努力，胡干都比不干强。所以，要多参加一些行业论坛，多和他人沟通。
- 计算一下，你的沉没成本是多少？
  假设你转型成功，预期收益是多少？这就是你按兵不动的沉默成本。
  如果不转型，你的收入有多大的提升？这就是你辞职转型的沉默成本。

- 扪心自问,你想转型的意愿是什么?

  永远不忘初衷,才不会走弯路。通过为社会带来价值,从而实现自我——这应该是每个职业人的本心。不忘初衷,方得始终。转型从来都是为了追求自我价值的最大化,而非职业倦怠或逃避老行业。如果你只是不胜任工作,嫌弃工作太累或遇到了重大的人际关系难题,就不应该以转型之名,行逃避之实。不要被行业塑造。尽管不同的行业会有相应的潜规则,但是每个行业都有坚守本心的人,这种职业人的操守丢了,你就彻底失败了。

再次,很多人的转型看似跨度很大,但深究一下你会发现,他们的转型实际上井然有序,水到渠成。行业可能各有不同,但对人的要求是有很多共通之处的,这些能力可以称之为底层能力,而底层能力也是可以迁移的。你不会因为辞职就失去所有的能力,也就是说,成长没有弯路,人生会因这些曲折变得秀美多姿。比如:

- 语言表达能力,尤其是公众演讲能力。
- 利用和协调资源的能力。有人脉不会利用,等于没有。
- 一秒看透事物本质的慧心。这是一种通过长年阅读、与人沟通和自我反思之后沉淀下来的智慧。你走到哪里,无论干什么都会用得上。

总之,你说自己是个工作狂,一段时间内只能干一件事,那只是内心焦虑的映射。与其纠结转型与否,不如先储备可迁移的底层能力,同时考虑现实问题和行业大格局。

5．想在职场顺风顺水，先要警惕三大剧毒观念

////// 故事　一个吃苦耐劳的服装导购 //////

李玲今年 39 岁，中专毕业后没再念过书。当时，因为家里穷，她早早就嫁了人，父母用她丈夫给的彩礼钱，供她弟弟读了大学。李玲婚后一直没有上班，因为一连生了 3 个儿子。婆家乐得合不拢嘴，她和丈夫却叫苦不迭。她丈夫在外地打工干体力活，虽然每个月会把钱寄回家，但李玲还得省吃俭用，以防月底捉襟见肘。她每天除了照顾孩子，就是养鸡、喂猪，直到小儿子上了小学，她才决定出去工作。像她这样的经历基本上是很难被职场接受的。后来，她在县里的一家服装店帮人守店，挣点儿死工资。没想到老板的生意越做越大，还拿到了一个品牌服装的代理权。李玲一直尽心尽力卖衣服，于是老板开始培养她，给她发绩效工资，她的收入直接翻了一番。可好日子没几天，丈夫找不到活干，便回了家，天天什么也不干，时不时还会跟李玲吵架。她知道丈夫这样是因为压力大，也清楚自己就算累死，靠现在这份工作也无法真正改善家里的

第二部分 职场的沉浮和发展逻辑

情况。于是,她开始在各大招聘平台发求职简历。终于,她获得了两个工作机会,但到底该如何抉择,让她很难取舍。

她说:"我没什么学历,更没什么专业,除了卖衣服,别的也不会。现在我有两个工作机会:一个是去全国知名大品牌的男装店里当导购,基本工资比现在多 3 000,提成说不好,但肯定比现在多;另一个机会是去一家专门给服装行业做咨询的公司,他们让我去做课程助理,给各大品牌的线下体验店做培训。但是,他们说我要先学习才行,之后的待遇比做导购还多一倍。做服装导购,我肯定能很快适应,只要我拼命干;去咨询公司,我有点儿怕,因为心里没底,感觉他们就是靠忽悠,而且收入还给那么高,这会不会是骗子公司?身边人都劝我别上当,踏踏实实去那个大品牌男装店卖衣服。我想问问您,我该选哪家?"

首先,选择去哪家公司工作是需要深思熟虑的。你有家庭,所以还需要在拿定主意后,努力赢得家人的支持。做决定之前,你最需要明确的是你自己的职业价值观,简单理解,就是你对工作的认识、态度和期待。比方说你想多挣点儿钱,你想做管理,你想要比较自由的环境,你想学到很多本事,你想发挥潜能,你想结交更多人脉,你想求安逸,你想要工作环境舒服,或者说你想要稳定、社会需要、自己喜欢或富有变化的工作。你可以把这 12 种工作诉求排个顺序，从你最看重的开始排。这世上，没有卑微的工作，只有卑微的工作态度。所谓卑微的工作态度往往源于模糊的职业价值观，如果你不知道自己为什么工作，就会变得敏感、懒惰或焦虑。

其次，当一个人过于渴望一份好工作的时候，心态就会失衡，甚至会失去理智。很多不法分子会利用大家这种心态，趁机布局，从而骗取钱财。所以，要留心被骗，比如：

- 正规的用人单位不会以任何名目收取求职者的钱，比如抵押金、风险金、服装费、考证报名费和培训费等。
- 如果中介机构帮你介绍工作，还承诺一定帮你找到满意的工作，那么他们可能会向你收取介绍费。你一定要索要发票，而且发票必须是税务局或财政局合法的正式发票才行，这样一旦发现被骗，可以向相关部门投诉。
- 有些人是社会上的闲散人员，他们谎称自己可以帮你介绍好工作，但让你给他们打点费。此时，千万不要信以为真，天上是不会掉馅饼的。
- 任何单位都不可以扣押你的身份证，如果对方需要身份证复印件，你可以提供，但要在复印件上写明"仅供招聘使用"的字样，而且字样要覆盖身份证上的图文，以防别人拿着你的身份证去银行开户、办理信用卡、非法套现，最后让你还债。
- 面试时不要填写家人的联系方式，以防有电话诈骗套取信息，向你的家人实施诈骗。

再次，职业生涯发展的过程当中，很多人会遇到瓶颈期和倦怠期，迷茫和焦虑也会随之而来。有些人觉得自己怀才不遇，有些人拿的工资和自己的能力不匹配，但更多人不知道的是，收入从来不是单纯由个人能力决定的，而是由观念决定的。所以，每个职场人士都应该警惕3大剧毒观念，避免走弯路：

- 我失败是因为家庭不给力。自古英雄不问出身，你这样想是逃避挑战的消极观念。比如你说同学家里有钱有势，你多奋斗20年才能站在别人的起点，并得出"命运不公"的感慨。你为什么不说你自己每天都把时间浪费在看综艺、刷短视频、追剧和打游戏上呢？家庭背景再好，长时间混日子也会坐吃山空，没有谁能养你一辈子，一切最终取决于你自己。如果你们家都是普通人家，那你至少可以通过努力，让自己变得更有价值。别光想着谁比你会投胎，你倒是关注一下这个人的父母，甚至祖辈，几代人努力才有的今天。你不能光羡慕果子好吃，得去种树才行啊！

- 踏踏实实找个班上，稳定牢靠比啥都强。稳定牢靠意味着不容易失业，但也意味着发展有可能受限，因为大家都得论资排辈。现在，很多人每天都活在焦虑当中，甚至可以说，这是个焦虑的时代。互联网时代让我们轻易就能看到别人的高光时刻，还有你想要却无法触及的诗和远方，用一份所谓的稳定工作禁锢自己，怎么就成了比啥都强的机会？你不能又要稳定的工作，又要高收入。收入很高、离家很近、不用加班、没有挑战的工作基本都是骗子的诱饵，谁信谁上当。所以，只想求稳定，实际上是没有看到世界的瞬息万变，只要技术一进步，制度一调整，马上抓瞎。

- 大家都选择的准没错。这可真不一定，从众跟风心理会让人错失好机会，浪费大好年华，甚至被别人"割韭菜"。现在的互联网如此发达，你的智商也不比别人差，为什么不可以通过搜索去辨别工作机会的优劣？为什么要在一个你不喜欢也没办法让你致富的工作岗位上蹉跎青春呢？如果你始终像一只羊一样，跟在领头羊后面走，那么，你永远不可能吃到最新鲜和脆嫩的青草。

总之，如果我是你，我会把自己的职业价值观梳理一下，明确现阶段工作最要紧的目标是什么，然后选择更心仪的工作，深入调研，确保不被欺骗，然后全情投入新工作。

6. 面对家庭的牵绊，职业发展该如何抉择

/////// **故事1 一个想要重返职场的生意人** ///////

丁蕊今年44岁，正站在人生的十字路口摇摆不定。

她说："我10年前离婚了，和前夫有个女儿，当时女儿判给了前夫。现在女儿15岁了，正在读初三。我现在的工作发展主要就受制于女儿。当年，我大学学的是工程管理专业，后来干了十几年工程管理。一次偶然的机会，我拿到了一家空调的品牌代理，整个这个城市就我一家，所以，这五年我一直在经营这家店。这两年生意不太景气，于是我就自己守着店，一年到头只有二三十万的收入。但是，我现在有个机会，是一个闺蜜给我介绍的，年薪50万，但要去外地，就是做我以前的老本行。待遇都谈妥了，我也想学点儿新东西，人必须与时俱进嘛！但是，我跟女儿说的时候，女儿反应很强烈，问我是不是不要她了，还说她早就不想跟爷爷奶奶住了，他爸也不管她。离婚的这10年，我一直觉得亏欠女儿的，所以没有再结婚，平时周末都跟孩子在一起，孩子什么事也愿意跟我说。我还

直播间的故事

没敢说我要去外地长期工作呢,只说要出差几天,就这她也闹!我心里难受,不知道到底要不要去外地工作。我本来都已经雇好了员工,让员工帮我守店,顺便做销售,我也给人家提成,一年几万块钱的工资就够。过几天就得出发了,但我现在真的很纠结……"

首先,一边是将近80万的年收入,一边是依恋自己的女儿,乍一看,的确很难抉择。但是,这种重要的人生决定只能靠自己,无论别人提什么意见,你都要自己下决心并对决定负责。选择有个别名,叫放弃,就像硬币的两面。你设想的是去外地打工,反正孩子大了,自己又没再婚,给孩子多攒点儿钱,比现在这种一潭死水的生活强。50万的年薪加上自己空调销售30万的年收入,一共80万,简直太完美了。代价是你要长期在外地工作,女儿见不到你。女儿很可能会觉得在你心里,她没有钱重要。女儿的内心感受可能会从不舍转到仇恨,再转为自卑和自我放弃。你会觉得女儿不懂事,但真相是你对于未来的规划,没有真正考虑到女儿的成长和幸福。如果是因为你实在活不下去了,必须去外地务工,那另当别论,那是人间的无奈,每天都在上演,很多人也的确在痛苦中煎熬着。但是,你不一样,你有钱,你只是想要更多。

其次,我有两个问题想问你:

- 这预期的 80 万年收入有多少水分，你想过吗？
- 留在自己家，守着女儿，好好经营空调代理只能赚二三十万吗？

你必须得认真想一想，50 万的收入是固定工资吗？还是有附加条件？比如，这里是否包括了绩效工资或项目奖金？还有，毕竟你有 5 年没干老本行了，这 5 年来你想的是谁来买你的空调，而不是工程管理。很多新技术和新工艺层出不穷，职场新生代带来的管理挑战，市场的竞争格局日新月异，这些变量你仔细想过吗？

同时，2023 年的经济回暖是大势所趋，你能在疫情期间赚二三十万，就有可能在未来业绩陡增。你当老板的守店和雇个员工守店是不一样的概念，如果你离开了，这二三十万有可能会打折，但你留下来，结合市场的利好因素，随便多几笔大订单，一年上百万收入完全有可能。关键是，你无须牺牲女儿的成长和幸福。

总之，单纯从职业规划上来讲，创业几年又返回职场，这是在退步。从心态上，你当惯了老板，是不愿意受人管束的，也不屑和其他管理者玩心眼儿。你远走他乡去求财，内心要忍受对女儿的亏欠，自己的生意有可能青黄不接，还有年龄带来的疲惫感等都会让你闹心。

总之，一辈子到头奔的是什么？目标明确再做决定。利弊取舍，存乎一心。

故事 2　一个想离婚却被公婆反对的女性

诗今年 33 岁，结婚到现在已经 7 年了。对一般人来说，这可能意味着七年之痒即将出现，但对她而言，过去的 7 年充满心酸和无奈，离婚的念头已经无数次盘旋在她的心头。

她说："我本科学的是经济与金融，大学毕业以后工作了 5 年多，直到生大女儿后才辞职。以前我上班的公司规模很大，也有上升空间，但我丈夫全家都说让我好好在家带孩子，因为我公婆算是白手起家，经营着一个厂子，专门做童装，算上固定资产应该有几千万。可没想到我辞职以后，过得一地鸡毛，除了又生了二女儿，我一点儿成就感都没有。我丈夫这么多年，就没有好好上过班，每天游手好闲。大概在大宝 1 岁多的时候，我发现他出轨了，后来我还捉奸在床。当时我完全失控了，提出离婚，他也无所谓。当时大女儿一直是婆婆帮我带，她劝我忍忍，公公更是说男人都这样，让我接受现实。我心太软，看孩子那么小，我不想抱着孩子回娘家，让我爸妈也受累，事情就不了了之了。但是，我丈夫没好几天，又开始跟那个女的联系，我一气之下就让他出去住，他居然真的搬出去住了。我们大概分居了 1 年多吧。期间，婆婆一直待我不错，也帮我带孩子，我也认命了，想着大女儿 3 岁，我就离婚。可大女儿 3 岁的时候检查出有自闭倾向，跟同龄的孩子根本没法沟通。孩子入园的时候，老师怀疑我们的婚姻有问题。后来，公婆出面才把我丈夫劝回家，他也跟我悔过了，我就想着再给他一次机会，所以后来就怀了二女儿。现在，二女儿也上幼儿园了，我白天也没事干，就想着去找份工作。现在，有一个很好的工作机会，收入我很满意，也能兼顾家庭。但是，我公婆坚决反对，说我这是不想跟他们儿子过了！我说我只是想要实现自我价值，给两个孩子做个榜样，公公却让我二选一，说要么在家好好带孩子，实在想上班，可以去他们的厂子里上班；要么我去选择现在这份工作，跟他们的儿子离婚，他们还说离婚就让我把两个孩子都带走。我很纠结，不知道是该坚持，还是忍耐。我的婚姻早就从根里烂了，我怎么忍呢？每个月他就给我们娘仨几千块钱生活费，我感觉自己这么多年就没真正地为自己活过！可是如果我坚持，两个孩子该怎么办？她们马上要上小学了，在这里能上最好的学校；要是跟我回娘家，我可完全不知道该怎么办。"

首先，从长远的发展来看，现在这个工作机会肯定是要把握住的，因为机会难得。从一开始，你就不应该辞职，能抗住早孕的身体反应，就应该在生产以后马上回到工作岗位上。你一放弃了产假，二放弃了自己的职业上升空间，三放弃了婚姻里的底气。尤其当丈夫的家庭条件比自己原生家庭条件好的时候，女性更要坚持自我。所谓的坚持自我就是指你要有自己的工作，有自己的兴趣爱好，有自己的朋友圈子和心理边界。捍卫心理边界，简单理解就是从你内心生出来的所有负面情绪和消极思想，你都要很好地关照：不被负面情绪绑架，心平气和地面对生活；不被消极信念裹挟，乐观自信地应对挑战。

其次，这样的婚姻肯定是要尽快逃离的，因为你现在不幸福，以后也很难幸福。按照常理，我通常是劝和不劝分，但你的问题一定要具体分析：一来你丈夫的背叛行为屡次出现，对你并不在意，你没必要继续牺牲自己的幸福；二来你的公婆在观念上很难改变，他们的潜意识里认为女人就应该无底线地忍耐，而你早已觉醒，拥有独立的自我意识，你无法继续压抑；三来两个女儿势必已在心里把你当成榜样，如果你想让孩子成为什么样的人，最好的引导方式就是让自己成为那样的人。比如，你希望孩子健康快乐，有独立辨别是非的能力，有追求幸福的勇气，能找到自己和这世界平等对话的立足之地等，你也要成为这样的人。

再次，如何挣脱现在的婚姻牢笼，并让孩子接受最好的教育，才是你现在需要面对的实际问题。你可以：

- 接受挑战，直面现实。公婆说你离婚，就把两个女儿都带走，他们不要。我认为这很有可能是他们吃准了你没有勇气接受这么大的生活挑战，才故意说的话。越是增加你离婚的代价，他们越有可能说服你不离婚。两个女儿毕竟是他们的亲生孙女，他们不可能做到从此再也不闻不问。所以，不要被他们威胁吓到，宁肯将来苦累，也不能就此埋葬自己的后半生。而且，如果将来两个孩子真的都判给你，他们是需要支付孩子的抚养费的。法官在判离婚官司的时候，通常会保证孩子的生活尽量不受太大影响，除非是女方条件极差，比如母亲患有精神疾病或毫无生存能力。通常我鼓励女性离婚时要孩子，虽然会苦累很多，但内心不用承受那种思念孩子的苦楚和面对孩子的愧疚感。

- 为女儿的成长考虑。女儿的成长过程中，本就少了父亲的陪伴，不能再失去母亲。世上的悲剧实在太多了，其中一个无声却让人痛彻心扉的就是，看着曾经乖巧可人的孩子们，自己却因为婚姻失败而无法抚养她们。多年以后，再见孩子时，孩子的眼神里满是陌生和仇恨，孩子的内心尽是麻木和拒绝，厌学抑郁。你相信我，没有哪个妈妈会无动于衷。所以，不一定要孩子上所谓最好的学校，关键是看孩子的内心是否充满爱。如果你让孩子留在爷爷奶奶身边，她们很可能会反复听到老人抱怨你的不好、你的绝情。一个见不到妈妈、爸爸经常缺席的孩子，在哪里上学都难有颗阳光的心、自在的魂。

- 你可以亮明你的条件。我要工作机会，这是我的权利；我要离婚，这是我的理性决策；孩子我可以都带走，但父亲必须支付抚养费。你自己的权益不必过多争取，原因很简单，你丈夫游手好闲，不仅是啃老一族，还是你公婆的"傀儡"，要了补偿也没几个钱，反倒以后没法再处了。你索性卖个乖，孩子以后还有爷爷奶奶。尤其是女性，如果离婚不带孩子在身边，你心里将留下一个永远无法愈合的大伤疤，一碰就疼。你得承受痛苦和委屈，把你这几年以来逃避的责任通通承担下来，也只有这样，将来你才能带着你的荣耀和盔甲面对孩子的爷爷奶奶，他们才有可能永远不再抱怨。至于，将来住在哪里，让父母跟着你受累，这些都不必纠结。实在不行，你可以在公司附近租个房子，求助父母帮忙熬几年，等二女儿上了小学就会轻松一些。

总之，面对家庭的牵绊，我们必须捍卫自己的职业发展，就算披荆斩棘、披星戴月，也要做自己生命的守护神。面对生活，你只有无所畏惧，未来才有可能一路绿灯。

7. 正向树立自身的权威，而非压制或恐吓

故事 一位愤愤不平的副总

王柳今年 46 岁，大学毕业后曾去大城市打拼，后来回到老家，嫁人生子，守着父母过小日子。她在孩子上幼儿园后进入一家小公司工作，12 年前升任公司副总。平日里，王柳一直都有一种优越感，因为她丈夫在体制内工作，很稳定；他们的独生子也很乖巧；工资待遇比上不足比下有余。但是，最近这些年，她工作越来越不开心。虽然她很想做事，公司的总经理待她也不错，但下属不听话，这让她很头疼。

她说："现在的员工素质不高，根本使唤不动。虽然我很佛系，但我好歹是个领导，他们太过分了。前两天发通知，让他们来公司加班，他们居然都没去。后来，老板发话，他们才来。老板几次找我谈话，我也很焦虑，我不知道怎样提升自己的威信。我准备给下属们开个会，好好说说他们。我工作很辛苦，他们根本看不见，再这样下去肯定不行。我得让他们有点儿怕。下次通知时，他们再不到场，我就辞退他们。这样可行吗？"

直播间的故事

首先，想要提升自己的威信，就得先吃透威信的内涵。拆开来看："威"是权威、"信"是信服。权威可以理解成职位赋予你的权力：当组织赋予你某个职位时，相应的职权就都给你了，但你的下属是否会接受你的指令，就需要你自己去努力了。信服比较好理解，就是下属对你的信任和佩服，这和职权无关，和你的人格魅力有关。那么，在了解了威信的内涵后，我们就不难得出结论了：吓唬没用。如果公司制度有规定，收到副总通知，不能按时到公司就得面对被开除的处罚，那么，他们不会不来，所以，既然没有这样的制度，你这么说就是在泄愤、威胁和削弱自身的威信。无中生有的处罚，任谁都不会服气。

其次，真正有效提升威信的方法是基于理解威信内涵生出来的方法，比如：

- 完善规章制度，让制度当"恶人"，你来当好人。你好心提醒大家别挨罚，大家自然会感谢你，而非痛恨你。
- 和总经理充分沟通，让总经理给你充分授权。当下属们知道有些事只能你点头，你的权威自然就上来了（尤其是老板事无巨细、什么都要管的时候，当副手确实很窝囊）。
- 培养"线人"，管理是技术，更是艺术——因为人和人差别很大，你要用心分析每个下属的能力水平、性格特点和职业诉求，找到你的"线人"。你得知道谁在同事堆儿里更有影响力、谁喜欢向上管理、谁想追求进步、谁只想混日子……这些都是管理的艺术，你需要找到关键人物并多做思想工作（当你通知大家来公司，却没人来时，一定不是大家的默契，而是大家收到了某个人或某几个人的某种暗示）。

- 平时和下属沟通要做到不抱怨，因为抱怨是弱者的专利。
- 做一个言行一致的人，做不到的坚决不承诺。做了可以不说，但说了必须做到，而且还要多做一些，因为提前承诺的，大家通常会有期待；让大家有惊喜，才会让人服气。
- 干出成绩来证明你的能力。别人不会的，你会；别人会的，你更精通——别人想跟你学，或者别人发自内心地佩服你，你才能具备不可替代性。
- 真正关心下属。比如他们将来的定位、职业发展方向和他们眼前生活的烦恼等。让想轮岗的员工去心仪的岗位、帮助下属的孩子进入期待已久的学校、帮下属争取到学习机会、假期或更多奖金等。人是活的，生活是精彩纷呈的，感动下属的方式也是多种多样的，这一切都存乎一心。
- 平日穿戴要像个领导样，你内心的自我形象会通过外表传递给别人。你穿得舒服自在、别人看着体面、场合适宜，也可以有效地提升自己的威信。

再次，提升威信的方法永远也说不完，但一定不能通过压制和恐吓实现。因为你和下属之间不是对立关系，而是统一的团队关系。遇到管理困境时，要多换位思考，想一想：下属为什么要听我的？我要想说服他们，我的理由是什么？当领导者有能力、守信用、有耐心、有爱心时，下属才会接受你的权威，对你俯首称臣。

总之，赢得下属的认可和跟随需要时间、需要能力，更需要用心，而不是一味地吓唬和抱怨。你若感恩老板对自己的知遇之恩，就要潜心研究领导艺术和人性规律。

8. 走进领导的内心，才能被器重

////// **故事** 一位力挽狂澜却不被重用的常务副总 //////

邓珺今年 52 岁，一辈子都在体制内工作，做事很踏实，人也很低调。2 年前，她终于升任公司的常务副总，成了二把手，待遇和权限都有提升。她非常感谢老领导多年的栽培和器重，虽然她内心知道自己的职业生涯很有可能就止步于此了。可舒坦日子没过几天，老领导就突发心脏病去世了，她一下子就感受到了工作的压力。集团总部很快传来了消息：公司的一切领导工作由她代理，总经理人选会尽快落实。面对突如其来的工作压力，她尽心尽力地应对，尽管没太多可圈可点的地方，但至少实现了平稳过渡。可生活不是彩排，人生没有剧本，后面的事越发让她不安。

她说："老领导去世后的那段时间太乱了，很多事情我都不了解，但我还是咬着牙挺过来了。我老公还说让我去总部打通一下，干脆坐稳这第一把交椅。但是，我不想，我觉得我一个女人，当二把手挺悠闲，我怀疑老领导就是生前太累了。大概在 4 个月以前，集团下发了

直播间的故事

人事任命,集团的另一家子公司的副总要来当我们的领导。他比我小1岁,据说做事雷厉风行、业绩也很突出,但是他原来所在的公司领导也很厉害,所以他一直没有上升空间,这下算是有机会了。我还挺期待跟他合作。他刚来的那段时间,我们都很客气,大部分工作还是我在抓,很多情况他也不了解,但他很温和,什么都愿意问我。虽然我很忙,但我感觉还挺好的。可最近不知道为什么,他把一些原本属于我分管范围内的工作交给别人去做了,我心里特别不舒服。这些天,我一直在认真思考,但始终想不透,可能他对我哪里不满意?还是不信任我?真不知道,他心里是怎么想的……"

首先,在体制内工作更需要提升情商,因为公司内人员流动性很小,很多同事可能后半辈子都要打交道,所以当然更要注意方式方法。职场人际关系的重中之重是和领导的关系,这个关系就是一个经典问题。当我们对领导的管理有疑问时,一定要用心,但更要用脑。用心是从感性出发,听见自己内心的声音,揣测领导的心思;用脑是从理性出发,虚心请教领导,让领导知道自己的思想动态和愿意跟随的决心。如果你始终想不透,就别想了,你那叫思维反刍,是被负面情绪和消极信念裹挟了,而非"认真思考"。你要做的是找机会向领导请教,真诚地说出自己的困惑,表明自己的忠心和感恩。比如你可以找机会和领导一起共进午餐,坦言自己的不安和苦恼，让领导为你解答。同时，不论领导给出什么理由，你都要感谢领导。很多人遇到类似问题都会陷入"战或逃"反应模式（进攻战斗或疏远逃避）：要么逞能，干更多，认为只有自己才能把工作做好，有一种向领导示威的意思；要么干脆撂挑子不干，当甩手掌柜，看着别人乱成一锅粥，却不管不问，最后还得领导哄着，自己还挺得意，殊不知领导心里早就看扁了你，这真的是一种很情绪化的做法。

其次，无论我们在哪个层级，面对不如你了解情况多的新领导上任，你都需要知道维护和上级关系的 3 个阶段：

- 你显能阶段。再高级别的领导，刚上任都会有不知从何处入手的阶段，在这个阶段，新领导往往急需要熟悉情况的人帮忙。所以，这个阶段你要抓住机会展现能力，帮助他实现平稳过渡。无论新领导嘴上是否感激你，心里都会记住你的。
- 新领导显能阶段。平稳过渡之后，新领导会逐渐上手，有了自己的思路。你目前就处在这个阶段，坚决不要再强调"很多情况他不如你了解"了，因为说多了，别人会厌烦。尽管很多工作是你做的，但是你要经常找机会感谢新领导对你的信任和引导。尤其是单位一把手和二把手过招，你务必得流露出一些"不求上进"的言行，让他觉得你很享受生活，很安于现状，比如你醉心于你的某种兴趣爱好等。总之，要让新领导安心，他才可能对你打消顾虑。

- 各自安好、心照不宣阶段。通过第一个阶段,你很好地展现了你的才能;通过第二个阶段,新领导知道了你的忠心,且这个表忠心的意识要很强,也要持续下去,因为越是格局小的领导,越容易因为下属的优秀而焦虑不安。

再次,读到这里,你可能会感慨太复杂了,太累心!但是,这是每个职场人士都需要具备的软能力,软能力就是硬核实力。这是真正的成熟,是向上沟通的艺术,而非宫斗剧或耍心眼。你本来就不是一个争强好胜的人,对于当一把手完全没有欲望,但你的能力像一道光,让你对别人构成了威胁。所以,你需要向新领导展现你的忠心,还不能直接说,要用看似不经意的言行证明自己,让对方得出这样的结论,并最终踏实安心。毕竟人都是自私的,人不为己、天诛地灭。作为一个管理者,如果在开展工作的时候,没有自我保护意识,就没有办法长期坐在那个位置上。连自己的乌纱帽都保护不了,何谈理想和家国情怀!所以,每一位职场人士,请你彻底抛弃这个观念:"我好好干我的活,领导就应该知道我的优秀,公司就应该满足我的心理预期。"你不说、不争取、不证明自己,没人知道——这就是现实。

总之,能力强且有能力让领导知道自己很忠诚的人,才有可能走进领导的心。走近领导的方法就是对领导坦诚,而非掖着藏着、不爽的时候瞎猜疑,这样既影响工作效率,又会削弱职业幸福感。即使你没有任何进一步发展的诉求,至少你干得舒坦、心里亮堂。

第三部分

亲子的困惑和教养法则

是时候更新你的亲子观了

俗话说：书到用时方恨少。这个"恨"字用得好，对于亲子的话题也一样。大多数人即使结了婚，甚至怀了孕以后，也不会想到去学习和亲子相关的知识，充其量怀孕的准妈妈们会看看如何照管新生儿，快生产之前，准备个待产包。随着孩子的出生，各种现实又棘手的问题接踵而来，我们才会意识到书读少了，比如：

1. 宝宝为什么动不动就哭。
2. 宝宝为什么总是吃手。
3. 宝宝为什么爱扔东西。
4. 孩子为什么会撒谎。
5. 孩子为什么爱拖延。
6. 孩子为什么非得穿名牌鞋。

以上只是我在直播间经常被问到的问题，还有很多鲜活具体且经典的故事在稍后和大家分享。在此之前，我们需要及时更新亲子观，因为现代的养育观念和以前有很大的不同，无论是时代背景、儿童心理学的知识普及还是教育理念和时代价值观等，都对每个家庭产生着颠覆性的影响。比如以前的亲子观是养儿防老，棍棒底下出孝子，大的就要让着小的，孩子不禁夸，天下无不是的父母，我都是为你好和孩子一定要赢在起跑线等。

接下来，我先把上面的6个问题简要解释一下，再为大家分享8条天下父母都应该更新的亲子观。

1. 宝宝为什么动不动就哭？

（1）因为你给宝宝的关注不够或宝宝的需求未被满足。宝宝除了哭，也没别的更好的办法吸引你的关注。想让宝宝少哭、多笑，就得全方位地照顾好孩子。宝宝一有动静，你就出现，并给予宝宝应有的支持或情感响应，那宝宝就没必要用哭的方式引起你的注意了。

（2）因为宝宝内心充满焦虑和恐惧。尽管宝宝还不会表达，但与生俱来的求生欲让孩子可以精准地捕捉到照料者对自己的接受程度。尤其是不足月的孩子一出生就进了保温箱，在本该感受妈妈的怀抱时，却要感受各种针头插进身体里的疼痛感；还有不到一周岁就被送到爷爷奶奶或姥姥姥爷家寄养的孩子；还有的孩子从小颠沛流离，跟着父母搬家或者被几家亲戚轮流照看。安全感缺失的孩子，爱哭简直太正常不过了。

(3) 因为宝宝可能是个天才。有的孩子的确属于高敏感型，这样的孩子感官发育得更高级和精细，睡觉时一点儿动静就能听见，食物一点儿不合口味就觉得难以下咽，衣服被褥过冷或过热就会浑然难受，对环境中的灯光、颜色和养育人的反应速度都有极为挑剔的要求。这样的孩子在养育时的确会辛苦一些，但将来孩子也会有更高的成就。比如作家：我们看经典文学作品，你感觉很共情，作者就是能说出你经历过但总结不出来的细微感受。比如作曲家：有些曲调轻易就能进入你的内心，引发你的某种情感，甚至是某段过往的回忆，对你产生疗愈的功效，但普通人是写不出来的。

2. 宝宝为什么总是吃手？

因为孩子的天性各有不同，内向谨慎的宝宝往往需要更多的呵护，当宝宝发现指望不上照料者时，就会自我安慰。吃手的动作从某种程度上可以让自己安定下来，所以就会一直吃。想让孩子不吃手，你不能制止，而是要关注孩子的内心，通过不懈的努力，让孩子内心产生安全感。

3. 宝宝为什么爱扔东西？

因为宝宝对地球引力产生了兴趣。宝宝在探索为什么自己一松手，东西就会掉在地上，而不是飘在空中。因为宝宝发现自己的一番操作可以改变身边的物品，宝宝觉得很好玩。你前面收拾，宝宝后面丢，你可别生气，更别责骂孩子，孩子只是在探索。如果宝宝看到你的脸色很不好看，或者被你凶了以后，听话的孩子就会减少探索的欲望；不怎么听话的孩子会觉得可以通过这个动作控制你，往往会变本加厉。

4．孩子为什么会撒谎？

这通常反映了养育孩子的家长很强势。当家长擅长责骂、批评、讥讽或要求过于严格时，孩子就会撒谎。从某种角度上来说，孩子撒谎是大人"逼"的。因为人的天性是趋利避害的，孩子正是天真烂漫的时候，自然也不例外。所以，孩子撒谎，只是因为出于心理上的"自保"，孩子知道自己说实话要面临什么后果，那个后果太不好了，所以孩子才会撒谎，以规避那样的后果。要想让孩子不撒谎，什么都跟你说，你就要做到情绪稳定、不上纲上线、不惩罚和打骂孩子，而是温和地指出孩子的错误而非批评和打压。

5．孩子为什么爱拖延？没有人会真心喜欢拖延，孩子也一样。孩子之所以拖延，无外乎3个原因：

（1）孩子不怕。"不怕"的意思是说孩子知道自己拖延的后果是什么，且自己完全可以承受。比如拖延写作业的时间，反正家长会催促；拖延起床的时间，反正每回都是被家长抱起来穿衣服；拖延玩手机的时间，反正家长真急了就会夺走。

（2）孩子不爱。"不爱"的意思是说孩子对事情本身不够热爱，有些孩子自己喜欢的事根本不用催，孩子会很自觉，因为喜欢,比如暑假去迪士尼乐园玩、周末去看电影、放学回家去小区的游乐场玩。所以,想要让孩子自动自发地学习,只有一个办法,那就是让孩子发自内心地爱上学习。

(3) 孩子没动力。"没动力"的意思是说孩子不理解做某些事的意义,比如不知道学习对于生命的意义、规律生活对于健康成长的意义等。

6. 孩子为什么非得穿名牌鞋?3个原因导致很多孩子有这方面的言行:

(1) 学校和社会构成的外部环境的影响。现在,各种广告铺天盖地、几乎和孩子同龄的品牌代言人和同龄人的压力都让孩子想要拥有名牌产品,这是一种很正常的心理。别说孩子了,我们也有。我经常在直播间讲课讲得正带劲儿的时候,有粉丝说,"老师,我太喜欢你这件衣服了,发个链接吧!"弄得我哭笑不得。

(2) 家庭氛围的熏陶。家长总是通过"买买买"缓解焦虑、维持可怜的自信,孩子才会有样学样。别忘了,行胜于言。你每天上班前,打开衣柜一副犯难的样子,孩子可都看在眼里了。别忘了那句话:母子连心。孩子最能体会妈妈的内心,你焦虑,孩子希望你镇定;你委屈,孩子希望你舒坦;你虚荣,孩子希望给你长脸。

(3) 孩子自身不够自信。比如学习成绩不够理想、个子不高、身材不好、五官不精致或者孩子自认为气质不好等,都可能导致孩子通过穿衣打扮找回自信，这是人之常情。所以，面对孩子坚持买名牌衣服或者鞋子的要求，不要急于拒绝，更不能给孩子贴负面标签，说孩子爱慕虚荣、攀比心太强、不懂事等。家长要反思自己的言行，给孩子更多具体的赞美，训练孩子延迟满足感的能力。最重要的是，让孩子知道自己很可爱、很特别，别让孩子在学校和社会的外部环境下失去自我、成为名牌广告的俘虏，疏忽了内在的幸福感。真正的幸福感源于持续发挥自己的天赋、帮助别人和成为自己。

顺便说一下，每当你和孩子之间有关于消费的不一致时，都是提升孩子财商的绝佳机会。不哭穷、不纵容，给孩子讲一些商业常识，才是智慧的做法。

接下来，我们看看有哪些陈旧的亲子观需要更新。

陈旧的亲子观："天下无不是的父母。"

错误的内核： 这种观点认为父母都是完美的，但真相是人无完人，父母也是人，所以父母也会犯错。

正解： 在金缨所著的《格言联璧》的齐家篇中确实有这样一句话

"天下无不是的父母,世间最难得者兄弟。"本意是让子女感恩父母的养育之恩,不要怪罪父母;让兄弟和睦相处,彼此珍惜。但是,后面这句话并没有出圈,前面这句话却广为流传,而且传播这句话的不是为人子女的,而是做父母的。甚至有人把这句话当成了自己的"免死金牌",就好像自己生了个孩子就成了完美的化身。同样出自这部经典的还有一句话:"古今来许多世家,无非积德;天地间第一品,还是读书。"很多父母不注重提升自身的品行修为,也很少学习教育子女的相关知识。越是对自身不满意的父母,越容易在孩子身上找问题,而非找优势,用力养孩子,却没用心教孩子。把自己放在道德的制高点上,对孩子的各种问题进行指责和打压,只会有两个结果,孩子从自我怀疑到自卑,从依赖和爱到反感,甚至是怨恨。

陈旧的亲子观: "孩子不听话,就得打,打到孩子长记性,下次就不敢了。"

错误的内核: 这种观点有两个错误内核。

- 孩子不听话是因为欠揍,只要父母舍得打孩子,孩子就会听话。
- 只要孩子出于恐惧不敢做错事,按照父母的想法说话和做事,教育就是成功的。

正解：首先，教育的目的并非培养一个父母的应声虫，孩子听话也可能是因为没主见、基于恐惧压抑了自我、基于求生的本能取悦父母而已。其次，孩子不听话的时候正是亲子沟通的好时机，多问、多反思孩子为什么不听话，才有可能找到问题的根源。最后，很多时候，孩子不听话是一种内在自我力量的显现，敢于反抗父母是一种自信和具备思辨能力的表现，父母非但不应该生气，反而应该高兴。因为孩子愿意向你敞开心扉、表达自我，这是一种走进孩子内心的契机，代表孩子长大了。你看竹子、甘蔗等植物，不也是一节一节地突破成长吗？我很喜欢一个成语，叫作"破土而出"，它描述了植物在接受了土地的温暖和滋养之后，突破重压，向上生长的现象。孩子的成长也是一样的，接受了家庭的滋养和照料、吸收了各种思想观念，终有一天，他开始有自己的想法，长势喜人，却被父母无情打压，这对于孩子来说太可悲了。爱能化解冰封的心，暴力只能让孩子退回到原始的状态，再也不去探索外面的世界、再也不敢向父母敞开心扉，时间长了，孩子会忽视自己的内心，平静但绝望地活着。孩子不抑郁，你就千恩万谢吧！

陈旧的亲子观："孩子特别情绪化，甚至跟大人动手，父母必须及时制止，让孩子老实服帖。"

错误的内核：这种观点有两个核心错误。

- 忽视了情绪的规律，认为压抑情绪，情绪就会消失。
- 以为情绪只能适当地发泄，不应该全部发泄出来。

正解： 所有情绪化的孩子都是因为内心与生俱来的情绪需求未被满足，孩子没有感知到被爱、被关注、被理解和被支持，所以，心里被某种恐惧感、饥渴感驱使，才会闹情绪，甚至跟大人动手。很多人会把孩子叫成"小野兽"，觉得孩子没规矩，对大人原有的生活节奏造成了某种破坏。实际上"小野兽"的说法从情绪发展机制上说，也很精准。这是什么意思呢？孩子在刚生下来的时候，只具备一些简单的基本情绪，比如恐惧、高兴和愤怒。如果感觉到饥饿、寒冷、炎热或不适，就会产生恐惧感，这是人类已经进化了几十万年的求生本能。如果这些基本需求被满足，孩子就会感到高兴。如果孩子通过哭闹也无法被满足，就会感到愤怒。所以都说"孩子的脸像六月的天，说变就变"就是这个意思，孩子没有那么多细微和复杂的情感变化。"小野兽"需要长期感受到爱、安全和尊重，才能逐渐成长为一个人类文明的社会人。比如确信妈妈无条件地爱自己，才会生出心疼妈妈、体谅妈妈的心——孝顺之心；确信爸爸会保护自己，才会战胜恐惧，突破自我——勇敢之心；确信妈妈和爸爸信任自己，才会克制心头的怒火，包容不够友善的小伙伴——包容之心。有些青春期的孩子尽管个头和成人无异，但内心依然是个"小野兽"。缺失了家庭的滋养，孩子的内心一直在呐喊，父母却充耳不闻，甚至制止时，悲剧就会上演。情绪就像江河之水，一旦泛滥，家长不能去堵塞，而是要疏通，否则祸害无穷。总之，人类文明社会倡导的软素质需要父母在家庭中培养和强化，从某种意义上来说，爱就是耐心。没有耐心的养育，孩子就很难成长为一个拥有独立人格的人。

....

陈旧的亲子观："现在的小孩儿都太聪明了，你不能打，但可以吓唬他们。能动嘴的事，坚决不动手。"

错误的内核：这种观点过度利用了孩子的求生本能，却疏忽了孩子的心理发育，孩子会缺乏安全感，探索欲和创意都会被削弱。

正解：一个妈妈带着五岁的儿子在游乐场玩儿，快到中午的时候，妈妈接连喊了好几遍，让儿子回家吃饭，儿子始终不理会。实在没办法，妈妈开始吓唬孩子："你再不走，我不要你了啊！"孩子这才停下来，看了一眼妈妈，但见妈妈没走，便又接着玩儿。妈妈见状，只好变本加厉地说："儿子，你看着啊！我要录像了！明天让你们幼儿园的老师都看看，你有多不听话。到时候你们班所有小朋友就都知道了，他们都会笑话你的……"妈妈越说越带劲，她的儿子这才极不情愿地停下来，急不可耐地大声喊道："不要！妈妈！"至此，妈妈终于"得胜回朝"。这样的劝诫方式简直太有效了，无论是孩子赖床还是不写作业的时候，都可以用这一招，利用孩子害怕丢脸、恐惧失去父母的情绪，快速实现家长的目的。

但孩子只是被你胁迫，调整了自己的言行，并非真正认同这么做的理由，所谓欲速则不达。很多老人带孙辈也是这样的："再哭我就不要你了！""再闹的话，我把你喂狼吃！""再不吃饭，我就不给你买玩具了！"这些说法都属于威胁和恐吓，只会激发孩子的求生本能，导致他们成为父母的"提线木偶"。我由衷地希望天下所有父母都能意识到养育的内涵，把孩子养大要花时间、体力和金钱，本能的爱就够了；教育孩子却没那么简单，家长需要懂得儿童心理发展的规律；懂得在日常生活的点点滴滴中，温和地引导孩子，为孩子划定边界感，反复说明每一个合理言行背后的逻辑和不合理言行的后果，而非是单纯地追求省心省事。

陈旧的亲子观："孩子到了初中以后，就要以学习为主，一些没必要的兴趣班就应该暂停。家长最好也能陪着孩子，全身心地应对中考。"

错误的内核：这种观念有两个底层漏洞。

- 从孩子的角度上来看，这种观念过于看重孩子的学习成绩和高考的重要性，忽略了孩子作为一个人的基本权利，比如娱乐、社交、被尊重和为自己的想法据理力争的权利。
- 从家长的角度上来看，这种观念是自我牺牲，是自我发展的一种逃避心理，尽管很多当事人意识不到。

直播间的故事

正解： 当一个人需要把自己所有的时间都用来做别人让他做的事，而非自己喜欢的事情时，这个人就是悲哀的，无论他最终取得了怎样耀眼的成绩。即使一个人再喜欢做什么事，当这个人的所有时间都用来做这一件事时，他的身心也会失衡。学习和高考对于学生的重要性毋庸置疑，但教育的终极目的不是为了高分或高考成功，而是通过父母身体力行的影响和学校系统化的教育，让孩子成长为一名健康、自信、乐观、善良、有独立思维和对社会有用的人。所以，很多家长内心焦虑，并让孩子承担着自己的焦虑。这是一种普遍但很可悲的现象。明代文学家张岱在其著作《陶庵梦忆》卷四《祁止祥癖》中曾经说过："人无癖，不可与交，以其无深情也；人无疵，不可与交，以其无真气也。"这句话的大概意思是说如果一个人没有一点儿情趣爱好，那么，这个人就不值得交往，因为他没有深情；如果一个人让你觉得完美到没有瑕疵，那么，这个人就不值得交往，因为这个人伪装得太好了，对你不够真诚。万事万物都要遵循平衡的法则，有天就有地、有白天就有黑夜、有苦也有甜、有哭也有笑，正所谓"一张一弛，文武之道也"。总之，当你主动放弃了自己的职业发展、放下你自己的生活追求时，你的行动就等于在告诉孩子生活很无趣，我已经都搁置了，你要是再不考个好成绩，那我会崩溃的。一个没有追求的家长培养不出心胸开阔的人才；一个只关注短期目标的家长只会让孩子承受沉重的压力，失去快乐的童真，缺失与人交往的乐趣和真实的人生体验。即使孩子如愿以偿考上了好大学，但这样的代价未免也太沉重了。

陈旧的亲子观： "父母要学会示弱，孩子才能更早独立和懂事。"

错误的内核： 这种观点乍一听似乎很有道理，但非常害人，因为孩子的独立应该遵循生理和心理规律，而非要代替父母做事。而且，孩子在本该天真烂漫的时候却表现得很懂事，老气横秋、少年老成也是一种教育的缺失。

正解： 当你通过学习和观察，认为孩子这个年龄应该掌握某种能力了，那么你可以放手让孩子自己去磨炼这种能力。本该孩子自己独立面对的事，家长可以信任孩子、耐心给孩子空间和时间成长，这是一种专家推崇的教练型父母，不越俎代庖的父母非常明智。但很多父母误读了这句话，认为自己越无能，孩子越有出息，还以孩子超出了其年龄段本应有的成熟为荣为傲。这里牵涉到一个让人细思极恐的心理现象，叫"亲子角色颠倒"。简单理解就是父母心性不成熟、不健全，无力管理自身的负面情绪或消极信念，直接"甩锅"给孩子，让孩子收拾"烂摊子"。举几个例子，孩子结束了一天紧张的学习，回到家想让妈妈陪着自己玩儿一会儿，妈妈不能满足孩子的心理诉求，反倒向孩子吐苦水，说自己工作多么辛苦、丈夫多么不能理解自己，孩子被迫放下自己的心理诉求，反过头来安慰妈妈。比如称赞妈妈做的饭特别好吃、宽慰妈妈是世界上最美的女人,甚至还要当个"小老公",拥抱妈妈并替妈妈指责爸爸的种种不是。于是,妈妈的情绪得到了缓解,心理再次回归平衡,不再勇敢地面对本应由自己去解决的夫妻感情问题。这种母亲看似伟大,牺牲了自己的幸福,只为陪伴孩子健康成长,实则是有"毒"的母亲,给不了孩子全情的陪伴、及时的关注,更剥夺了孩子天真烂漫的成长历程,甚至打击了孩子未来组建家庭的信心。这种问题的严重性在于父母毫无意识,出于焦虑心理照顾孩子的身体,却让孩子承受大人的焦虑心理;更在于孩子难以察觉,以为这就是爱,以为父母什么心里话都能跟自己说,如此信任自己,自己就应该承受。还有的父母会跟孩子撒娇置气,因为这种父母的爱是需要孩子及时回报的"我给你买好吃的,你得亲亲我""我给你买好穿的,你得给我高高兴兴写作业去""你为你都不上班了,你就应该给我把成绩提上去""如果你没有如我所愿的那般优秀,我就会崩溃、失控,而这些,全赖你"。总之,强者才有示弱的资格,你本来就很弱,就需要强大自己,起码能在孩子面前保持平稳的情绪、持续乐观的信念,别攻击孩子。尽管你对孩子不打不骂、不威胁、不恐吓,但撒娇置气是一种孩子气的行为,你是在逼着孩子变成父母,这样的孩子的内心往往是自责的、不堪重负的、怀疑人生的,因为他的生活里快乐太少、责任太多,自己的想法越来越少,取而代之的是你不想努力就想实现的社会性成功,而你注定会惨败。

陈旧的亲子观："父母太温柔，孩子就会肆无忌惮，所以父母必须维持自己的权威。"

错误的内核：这种观念错在高估了权威的影响力，同时，也低估了温柔的力量。

正解：我对你说两句话，你更喜欢听那句话？你不妨闭上眼睛体会一下作为孩子的心情。

- 我最亲爱的孩子，有你，我很幸福，谢谢你来做我的孩子！
- 我是你爸爸，所以你必须听我的，给我闭嘴！现在，马上，去给我写作业！

我相信，没有孩子喜欢后面这类家长，你以为你在树立你的权威，孩子却只是迫不得已，在你的淫威之下求生存而已。长期使用这样的说话方式，孩子的记忆力会下降、反应会迟钝、自信心水平会日渐下降，甚至幸福感也会越来越低。

再举个例子，假设你在打电话，孩子让你陪着玩，你应该怎么说话呢：

- 孩子，给我 5 分钟，一会儿我就陪你玩，好吗？

- 没看见我在打电话吗？你怎么一点儿都不懂事呢？给我出去！

我相信你的智慧，你知道应该选择前一个说法，尽管你不一定能做到。或许你正会心一笑，表示认同，或者会在想：如果我温柔地跟孩子说，孩子耍赖不走怎么办？孩子不走，你可以走啊！一边伤害孩子的感情，一边是自己麻烦点儿，换个空间继续打电话，很多人都毫不犹豫地选择了前者，因为没过脑子。说到底，教育孩子是长期的耳濡目染和偶尔的谆谆教导。就像培养一棵树长大一样，欲速则不达，温柔的沟通方式或许当下没有立竿见影的效果，但它彰显了家长的自信与对孩子的信任和珍爱。最后，关于家长的权威，我认为权威必须有，但建立家长的权威靠的是以身作则、勤勉持家，不伤害孩子情感的沟通方式和自信又幸福的精神状态。当孩子感受到你对生活的热爱、对知识的敬畏和对未来的追求时，孩子自然会把你当成榜样，格外地亲近你和爱你。

陈旧的亲子观："我吃过的盐比你吃的饭都多，我过的桥比你走的路还多，所以你得听我的！"

错误的内核： 这种观念存在两个错误。

- 夸大了经历的重要性。尽管人的岁数越大，经历越多，但能从自身经历中领悟到人生真谛的人并不多，大部分人都是操劳一生，却依然平庸，没有智慧。
- 忽视了时代的变迁和技术的更迭等动态因素。有时候，经验是负债，而非资本，限制人发展的往往就是盘踞在头脑中的所谓的经验。

正解：当我们过于看重自己的人生经验和视角，外加无法化解的内心冲突，孩子就会跟着遭殃。比如，我们无法信任孩子，不能用平等的姿态和孩子沟通，没有耐心等。下面是我经常被问到的一类话题。

- 如何给孩子填报高考志愿？
- 如何说服孩子坚持学钢琴？
- 孩子上高中就谈恋爱，我怎么让孩子收心？
- 孩子不想考研，我怎么说服孩子考研？
- 孩子想辞职，我怎么让他能明白留在体制内单位上班的好？
- 孩子不想结婚，我怎么说服孩子好歹先找个恋爱对象？
- 孩子不想生孩子，我怎么让孩子快点儿生？
- ……

我之所以把以上问题归为一类，是因为这些问题的背后都反映了父母内心的焦虑。每个人都有属于自己的人生，其他人无权干涉，即使为人父母也要尊重孩子的意愿。只要孩子的意愿对其他人没有造成伤害，且不会有损健康，父母就应该全力支持。但是，当我们内心过于焦虑时，就会担心孩子"误入歧途"，而我们用旧眼光看新时代，见解不一定正确，伤害亲子关系倒是必然的事。每个孩子都是一粒种子，自身都携带着孩子先天独有的"精神DNA"，如果孩子注定不走寻常路，父母就不要逼着孩子过所谓"正确"的生活。

1. 高考志愿尤其如此，你现在认为将来好就业的专业，几年之后未必如此，而且是否好就业本不应该成为选大学专业的唯一标准。除此之外，更重要的是孩子的兴趣。你可能会觉得孩子涉世未深，根本不懂；或者你会说孩子没主意，是孩子不知道怎么办。没有人能预测未来，但孩子很清楚自己喜欢什么，就算将来他不喜欢这个专业，也没关系。试问有多少职场人做的工作是自己当初大学所学的专业？至于说孩子没主意，那是孩子自己要做的决定。你已经把他抚养到18岁了，他是时候为自己的人生做决定了，此时你还不放手，准备将来让孩子埋怨你给他选错了专业吗？你不怕将来孩子大学毕业就失业，然后回家啃老吗？如果不想，趁早让孩子自己做决定。无论如何你要把话说清楚："你自己的路怎么走，从现在开始由你自己决定，我只是给你提建议，最终是否采纳，我都会支持你。"同时，你也要鼓励孩子借助互联网、向所有可以触及的人脉请教，最重要的是让他从自己的兴趣出发来选择。

2. 孩子的各种兴趣班是否要继续上，一定要具体问题具体分析。如果当初是孩子自己哭着喊着要学的，你可以和孩子好好谈，让孩子知道不忘初衷有多重要。即使孩子一口咬定以后不学了，你也不必太当真。"不学了"有可能是"这几天不想练了",你要尽量减少对孩子的负面反馈,比如催逼、打击、给孩子贴负面标签等。就算孩子最终还是放弃了一个他当初坚持要学的兴趣爱好,大体上孩子的人生也不会有什么影响,而且他以后做决定可能会更慎重。我见过一个孩子从小就在青少年宫,各种辅导班都报,尽管最后无一精通,却考上了上海戏剧学院的表演专业,后又考上了北京电影学院的导演专业。正所谓"大器晚成",作为家长别太心急、太功利就好。如果当初本是你想让孩子学的兴趣爱好,那请你不要再坚持了,因为说到底,教育的终极目的是"将来不用再教育",孩子可以成为一个独立的社会人,而你们的亲子关系才是你要考虑的,不要动不动就牺牲亲子关系,只为让孩子实现你的某种执念,那太得不偿失了。

3. 早恋的话题一向能牵动父母的神经,但这件事也要视具体情况而定。父母担心的无外乎是孩子为情所困,耽误了学习,或是被爱冲昏了头脑,发生了婚前性行为等。这些担心并不会随父母的打压而消失,只会让事情更难控制,因为当孩子明白了父母的态度后,就会隐瞒不报,让父母始终蒙在鼓里。所以,正确的做法是做出开明的姿态,不打击、不支持,在情窦初开的年龄,孩子有喜欢的人,刚好对方也喜欢自己,没什么不好,这是其一。其二,适时提醒一下,未成年人不能有性行为,因为这是孩子们都需了解的常识。家长要站在孩子的角度上提醒,他们是想天长地久的,所以,你得因势利导,让孩子觉得你是衷心祝福他们的,这样你的话他们才有可能听到心里去。其三,要和对方的家长达成共识,4个大人加上老师，关注两个小孩儿，采取"内紧外松"的政策，才能让两个孩子安然度过这个阶段。当两个孩子都没有感到大人的反对时，他们心里会松一口气，更不会因恐惧而躲躲藏藏。只要在大人的眼皮子底下，他们就不会出大错。这里尤其要注意：大人越打击，他们的爱越炙热，所以，千万别棒打鸳鸯，搬起石头，砸了自己的脚。

4. 孩子大学毕业以后，是考研还是工作，应该是孩子自己的选择，家长不应再干涉。高学历确实会有更多更好的就业机会，但很多人不想继续深造，只想在工作中成长也没有错。而且，我也见过很多人工作几年之后再考研，也未尝不可。但是，很多父母想不通，或许是因为他们自己学历很高，也或许是他们自己吃了学历低的亏，便想尽一切办法让孩子考研。结果现实是孩子向父母妥协，不上班，在家备考研究生，同时生活中一切经济来源全要仰仗父母。当父母回过味儿来的时候，心里就会变得很焦虑。最终，孩子考上研究生了，一切都还好说；万一孩子考不上，说要再复习一年，父母就很被动，难不成你再说服孩子去工作？

5. 辞去体制内的工作，选择创业或跳槽应该是孩子自己说了算。严格意义上来说，他们是你生的孩子，但他们已经不再是小孩子了。都说以前的读书人很难，10年苦读，只为有朝一日可以金榜题名。我觉得现在的孩子更难，因为从3岁进幼儿园到18岁高中毕业，他们已经当了15年学生。大学毕业时，至少已经21岁以上了。职业生涯规划是孩子自己的事，父母可以提建议，但不能横加干涉。很多家长自己没有赚大钱的本事，害怕未知与风险，所以极力向孩子推崇所谓的"稳定"。稳定意味着没有变化，这本身就是一个违背自然规律的观念，因为没有什么事情是稳定不变的。人生如逆旅，不进则退。就算你稳定的工作更好，那请问是否也包含着没有办法实现财富自由呢？当然，财富自由不是所有人都会期望的人生目标，但这是一种社会性成功，没有什么不好，如果孩子志在于此，你为什么不允许孩子去闯荡呢？说到底，还是你自己内心的焦虑和恐惧作祟，却让孩子为你的懦弱买单。

6. 最后，关于孩子谈恋爱、结婚和生孩子的问题不再多言，因为这些问题本就是"皇上不急，急死太监"，只能说明当父母的没有更远大的抱负，更广泛的兴趣爱好，才会把注意力全部放在孩子身上。说得再直白一点儿吧！这类父母就是太闲、太霸道，你的亲子观真的落伍了！

直播间的故事

1. 承担母责，让这份负担成为生命的礼物

////// 故事 1　一位草率的医生妈妈 //////

李医生本科毕业后分到老家当地的一家小医院，她大学的专业是皮肤护理，工作之余又考取了医美相关的从业资格证书。总体而言，她的工作很顺遂。她丈夫比她小 4 岁，工作稳定，人也很上进，小日子本来过得很和美。他们生了 2 个男孩，一个马上要上小学了，一个已经上幼儿园了。但是，这两年，她却把日子过得一塌糊涂。

她说："刚开始我丈夫把工资全部交给我，但后来他就不给了，可能是嫌我乱花钱。现在他负责还房贷，我负责生活开支，我也觉得还好。但是，每次我找他要钱的时候，他都会唠叨，虽然每次都会多给我一些。平时我婆婆帮我带孩子，虽然我看不上，但是也没办法。我只想着能多挣点儿钱，因为将来两个孩子还有很多用钱的地方。之后我做了微商，买了很多货，却卖不动，最后亏了十几万。我丈夫骂我很凶，到头来，还是我父母帮我还的钱。我知道自己不是经商的料，但是我受不了穷日子、更受不了丈夫的数落，于是我

就借了网贷，现在又欠了十几万。我丈夫还不知道，我也不想跟他说。我现在想着要不要辞职，然后去外地打工挣大钱，赶紧把钱还上。人只有自己成长，才能不被别人看不起，我这样想对吗？"

首先，成长的本质是积极面对并解决自身遇到的问题，有些人生必修课是逃避不了的，回避问题只会恶化问题，因为回避期间，"时间"这个要素会从中作梗。一个人心性的成熟是要通过解决切实问题才能实现的，你目前最现实的问题就是两个字：还钱。无论是和丈夫坦白，还是故技重演再找父母借，都比你辞职去外地打工更快。一个成年人的修养，最起码是敢做敢当，既然敢借网贷，又不能按时还清，就别怕丈夫数落。没本事，又受不了穷日子，那就长本事，而不是逃避。有的人很早就懂事，有的人却要经历很多坎坷才能成熟，你或许就是后者。所以，迎上去，让丈夫给你当头棒喝，你才能清醒过来；迎上去，让你的父母告诉你，他们的棺材本都给你了，看你的孝心是否会被唤醒。你放着两个孩子的母责不承担、放着稳定又对口的工作不要、放着好好的家不经营，要去外地打工挣钱？！快别把这件事和成长联系在一起了，这不叫成长，这叫草率！

其次，想挣钱是个积极上进的想法，但要考虑通过什么路径，反思自己是否有能力走通这条路，更要沉下心去学习和反思。赚钱要考虑投入和产出比,最好是不投入就能挣大钱,当然世上没有免费的午餐,骗子嘴里的方案往往就是这种;其次是少投入就能挣大钱,最后是大投入才能挣大钱,同时,永远不要干大投入也只能挣小钱的事。微商的本质属于电商,主要是在各种社交软件上展现自己和产品,吸引大家关注并向大家推介产品。所以,做好微商需要三要素:网络社交能力、商品质量和服务。总之,我建议你先把以前囤的货想办法卖出去,只要质量有保证,你就会获得真正的突破和成长。并且每个家庭都应该有财务规划,无论是负债,还是有万贯家产,因为任何有限的资源都需要管理。此外,是什么理由促使你借网贷呢?你是一个理性消费的人吗?过日子要学会记账,无论谁管钱,夫妻之间要经常开碰头会,双方都要对整个家庭的进账、开支和财务目标心里有数。这样,你们的心也才能靠得更近。毕竟生活中到处都需要用钱,你们却不谈钱,那你们的心怎么可能拧成一股绳,共筑未来的幸福呢?

总之,当你解了燃眉之急后,要想办法从原地"起飞",摆在你面前的机会是,你可以努力成为一个超级护肤IP。一来这是你的专业,科班出身更有影响力;二来市场需求量很大,尽管竞争激烈。关键是前期不需要过多资金的投入,你只需利用工作之余的时间,穿着白大褂,录制一些关于护肤的短视频。从模仿别人、对标学习,到找到自己的风格和吸引信任你的粉丝,流量有了,变现的事情就水到渠成了。

总之,为人母亲,就应该在平日里多关照孩子,更要在关键问题上考虑孩子的成长。成功人士的行事风格是迎难而上，即使害怕也要行动，跌跌撞撞地奔向目标；平庸之辈的行事风格却是跟随内心的恐惧，随波逐流。

////// 故事2 一位向孩子隐瞒自己再婚消息的妈妈 //////

萍儿今年39岁，3年前离异，最近刚刚再婚。她和前夫有个男孩，现在读初三。

她说："我现在挺幸福的，我现在的丈夫丧偶，有两个男孩，一个在读大学，一个明年高考。我唯一纠结的就是我儿子，离婚的时候孩子判给了前夫，但前夫常年在外地打工，儿子一直跟爷爷奶奶生活。最近，儿子的考试成绩越来越差，能上个技校就不错了。我很焦虑，儿子却说考不上就不上，大不了将来送外卖，反正他不会结婚的，伺候完我和他爷爷奶奶就算完成任务了。我觉得他这样想太消极了。当年我是跟前夫见面少、没感情才离的婚，但是和儿子的爷爷奶奶关系一直很好，以前都在一个城市生活，也能经常去看孩子。但是，再婚以后只能来内蒙古，因为现在的丈夫在内蒙古做煤炭生意。平常我见不着儿子，视频通话他也不愿意接。我还没敢跟儿子说我再婚了，他曾经说如果我再婚，他就和我断绝母子关系。我以前是做按摩的，我现在纠结是在内蒙古找个工作，还是把孩子接过来——又怕他的爷爷奶奶不同意。"

首先,你的当务之急是向儿子当面坦言自己再婚的事实。每个离异人士都有再婚的权利,你儿子也没权利干涉你。但是,他既然有言在先,你又欺瞒在后,你们将来的母子关系就会被蒙上阴影。目前来看,你儿子的状态很不好:一方面,他的生活态度很消极,年纪轻轻的,竟然对未来没有期待,平静而又绝望的心态会夺走他所有的快乐;另一方面,他的学习态度很危险,提升学习成绩不容易,但一泻千里却快得很。尽管社会不是唯学历论,但高学历的人肯定会拥有更多机会。最关键的是,他不婚的观点想必源自你失败的婚姻。小学毕业时,孩子目睹父母离异,他的内心承受了什么痛苦,我们难以想象。孩子一直和爷爷奶奶生活,现在,你又一声不吭地消失,离开他所在的城市,难道他生下来就是要不断地失去和被骗吗?作为母亲,你有权利追求自己的幸福,更有义务给予孩子很好的照料啊!当然,父亲也有同等的权利和义务!所以,无论如何,尽快安排时间回去,和孩子当面坦言,接纳孩子可能有的各种反应,关照孩子的内心感受,捍卫你自己追求幸福的权利。至于说把孩子接到内蒙古,意义不大,可行性也不强,换位思考就能理解。他的爷爷奶奶整日见不到儿子,有孙子在眼前,生活才有奔头,你又如何能轻易夺回抚养权呢?毕竟孩子已经大了,他属于他自己。切记:攻心为上。

其次,尽管你在第一次婚姻中饱受分离之苦,所以你现在才跟着丈夫去了内蒙古。但是，二婚家庭，要更多地考虑现实问题，不能轻易牺牲孩子的幸福。你内心对孩子的牵挂让你很难真正快活，这一点，想必你一定深有体会。所以，你不能不吭不响就远走高飞，你应该回到儿子所在的城市生活，至少在获得孩子的原谅之前，不要以现在的丈夫为中心，而要以你自己和孩子为中心，甚至你可以直接对丈夫说，你太想儿子，做梦都想，所以必须回去。这个男人如果真的爱你，他会经常来看你，你也可以偶尔去看他。如果你们是真心相爱，他应该接纳你的孩子，让他的两个儿子和你的儿子成为兄弟，那才是真正的幸福。当你单方面付出太多，不为自己和孩子考虑的时候，你丈夫也就不会做这些。难道你会放着自己的儿子不关心，去关心别人的儿子吗？若干年后，你能接受儿子看你像看仇人一样的眼神吗？回去吧！有一种在意叫"放下"，坦诚地面对自己的内心，也给自己一个机会，让自己看见丈夫的真心，这就是你对现在这段婚姻最好的关照。

再次，儿子终将长大成人，而你自己又将拥有怎样的生活呢？人无远虑、必有近忧。所以，你要考虑自己的职业发展。做按摩的确在哪个大城市都可以找到工作，但干不动了怎么办？你是否可以考虑学习一些其他的技术，或者说服丈夫和你一起投资经营按摩店？没有孩子的时候，我们可以肆意地爱、任性地活，只要不违规犯法、不违背良心。但是，有了孩子，疏于管教就是原罪。时代已经变了，难道改嫁能让你高枕无忧吗？我有个姨，一生嫁了5次。第一任丈夫去世后，留下一个幼女，迫于生存压力，她只能改嫁。

结果运气不好，第二任丈夫没几年又去世了。从此，她被别人贴上一个标签，叫"克夫"，后面的 3 次改嫁让她一落千丈，要么是冲突不断，要么是性格不合，都是没几年就以离婚收场。就这样，她一共生了 3 个孩子，最终嫁了 5 回，才熬到大女儿成家，才在大女儿家养老归天。她一生的经历让我们不寒而栗，那是怎样的人生体验。所以，别再随波逐流，站在未来，规划现在吧！

总之，当孩子进入青春期，无论我们有怎样的人生追求，哪怕是重新组建家庭，也不能疏忽职守，这是我们必须面对的成长课题。时代已经变了，我们再也不能指望借别人的翅膀，翱翔在自己的天空。

故事 3　一位两度离异的糊涂妈妈

穆敏今年 38 岁，曾经有过两段失败的婚姻。两段婚姻里她先后生下两个女儿，大女儿判给了第一任前夫，二女儿判给了第二任前夫。但是，两个女儿平时都见不到爸爸，因为她们的爸爸都在外地工作，很少回家，都是跟她们的爷爷奶奶一起生活。穆敏的第二段婚姻失败后，她在网上认识了一个在上海打工的男人，两个人聊得很好，她也想找份工作，展开全新的生活，于是就去了上海。目前，她和这个男人已经同居半年，但对于接下来的婚事很发愁。

她说："我男朋友对我很好，他是个产品经理，月收入 2 万，比我小 3 岁。我们在一起很开心，他也是离异的，有一个孩子在老家，他父母帮忙给带。他妈人很好,说只要我们好好过,我丈夫和前妻的儿子不用我们带。我说把男朋友带回去给我妈看看,我妈死活不同意,一说就跟我急。我男朋友说了,他想在苏州买房,因为上海的房子太贵了。他说,结婚以后买了房子写我的名,但他存的钱不够用,他父母准备把老家的房子卖了支持我们在苏州安家。他说只要我把我老家的房子卖了,就应该够首付了。而且,我手头上还有20多万现金,接下来的生活应该也不成问题。当时我的第二段婚姻就是我爸逼我的,他嫌我离婚丢人,我才草率再嫁的。虽然我爸已经过世了,但我到现在都不能原谅他,所以这回我想坚持我的想法,但和我妈根本没法沟通,她说我脑子犯浑。我认真想过了,将来打算在苏州安了家,再生个孩子,重新开始,难道不好吗?"

首先,谁都想告别过去,重新展开新生活,但不是谁都有这个权利,因为每个人都应该为自己过去犯下的过错承担责任。婚姻失败往往是夫妻双方共同造成的,但孩子是受害者。我们都是孩子的亲生父母,你的两个女儿并未做错什么,但是她们每天只能和爷爷奶奶一起生活,请问她们将来如何用一生去疗愈这种无法触及的创伤?你的母亲丧偶,现在独自生活,有女儿看不见、有外孙女摸不着。请问,你是否考虑过自己将来如何尽孝?所以,在你急于奔向幸福生活时,你要筹划的不应该只是新家庭,还应该有你的两个女儿和妈妈——她们三个才是你在这世上最亲的人，而不是拿你所有的、微弱的能量贴补别人的家庭。权利和义务往往是相辅相成的，人生路上，所有的负担其实都是礼物，只要你勇于承担，它们终将照亮你前方的路。

其次，你男朋友的家庭你并没有深入了解，不要只听他的一面之词和空头承诺就信以为真。比如他说房子将来写你的名，却要你掏钱出来。你可以直接顺着话说："好啊！你父母先卖了房子再说，回头你先把钱都给我，最后我再回老家卖我那套房子，不够我再借。"说漂亮话，谁都会，你看他会把钱给你吗？再有，如果他父母把老家房子卖了支持你们，请问他们住哪里？男朋友的儿子住哪里？婆婆说的话真漂亮，简直就是直戳痛楚，让你放心嫁人，免除你内心的疑虑——你别怕当后妈，我们自己带孙子。可当他们无家可归时，能不和他们的儿子一起生活吗？难道你放着自己的两个女儿不照顾，去照顾别人的儿子吗？还有，他在上海工作月收入2万，去了苏州以后，收入还能有保障吗？你手头上的20多万现金就是你最贴身的软甲，是不能轻易示人的啊！

再次，外地人去到新的城市打拼、扎下根没那么简单。不仅经济条件，连人脉关系都需要从零开始。如果你再生个孩子，谁来照顾你？你的妈妈吗？还是那个抱着大孙子的婆婆？一边是儿子，一边是你，你觉得你男朋友会不给儿子生活费，全都贴补到你们的新家吗？你觉得他是真的很想你再给他生个孩子吗？我们不妨算一笔账，假设你们再生一个孩子，那么，这世上就有四个孩子管你们叫爸妈，你们还有3个老人要赡养，一套房贷要还。入不敷出时，你男朋友还会对你甜言蜜语吗？你妈妈说你"犯浑"或许太粗暴了，但是未来生活的发展走向，你有认真想过吗？抑或你的男朋友只是着急想在苏州买房子，好把父母和儿子接过来。他在网上遇见你，知道你有钱有房又刚离婚，想要榨干你呢？你或许不会同意，毕竟你们之间有肌肤之亲、有半年的感情基础，但成年人的内心深不可测。单纯的假话和情感骗子好判断，但真真假假的话放在一起，再加上情欲的刺激，很多事情就没那么简单了。

总之，奔向幸福生活之前要看看，美丽的未来是真实的，还是虚幻的。和男朋友同居的日子里要攒好自己的钱、找到工作并好好发展自己。少花钱，多和妈妈联系，多关心两个女儿，坚决不能把自己的积蓄和房子贡献出来——这就是你目前能享受的新生活。真爱你的男人自然会想别的办法，他若只图你钱财，自然会失去耐心、逼你就范。你有两个女儿不用养，一个人吃饱全家不饿，在上海有免费住的地方，做好安全措施就好。是你的幸福，终究是你的，等等看，别着急。

2. 守好边界，让爱的种子在别处生根发芽

////// **故事 1　一位全职妈妈的焦虑** //////

李妈妈今年 54 岁，早年间打过工，但后来因为身体欠佳一直没再工作。她的丈夫是国企中层管理人员；他们的独生女大学毕业，已经在外地工作。她担心影响女儿将来的婚姻幸福，不想让女儿带男朋友回家。

她说："快过春节了，我女儿说要把她交往了 3 年的男朋友带回家。但是，我很害怕，因为我丈夫大男子主义，我也好多年没出去工作了。我和丈夫的关系不好，我很怕他，我害怕女儿的男朋友看不起我们家，我们家的条件真的很一般。我丈夫不愿意买房子，攒的钱都拿去投资理财，结果全亏了。他借给别人的钱有好几笔都没要回来。我们吵过架，我一说，他就跟我急。我也管不了他，现在也不敢再提了。听女儿说，她男朋友家是农村的，条件不太好，所以我不想让她把人领回家，我怕女儿结婚以后和我一样不幸福。我知道父母不应该干涉孩子的感情生活，所以女儿谈恋爱我也没管过。

第三部分　亲子的困惑和教养法则

但是结婚不是儿戏，我得为女儿的幸福考虑，毕竟她还小。但是，我丈夫同意女儿把男朋友领回来看看，我该怎么办？"

首先，每个成年人都有自由恋爱和选择结婚对象的权利，也都渴望得到父母的祝福。所以，你女儿只是要把男朋友带回家给父母看看，并不是马上就结婚入洞房，你没必要太紧张。如果你拒绝女儿，反倒适得其反：女儿会觉得你太武断、不知如何向男朋友解释，更有可能会给女儿将来的婚事蒙上阴影（如果女儿执意要嫁，父母也是拦不住的）。正所谓"怕什么来什么"——你最担心的事情，往往会因为你的担心和错误决策更快应验。无论你承认与否，是你"精心策划"了悲剧的发生。

其次，越是担心孩子，越要看清现实，越应该同意女儿带男朋友回家。就凭你"叱咤"婚姻这么多年，一般的毛头小子也肯定难逃你的"法眼"。如果你冒冒失失地跑去女儿工作的城市见人家，反倒显得失了身份。这眼前的机会多难得！一方面，你们老两口突然有了共同话题，可以忙乎起来、张罗收拾家、准备年货。同时，可以亲眼见证女儿和男朋友的互动，看他们之间是否有默契。你们要了解小伙子的品位、修养、学识和性格，还要通过寒暄侧面了解他的家庭背景以及他们对未来的打算等。你要相信母女连心，女儿是否幸福，只要你通过近距离的察言观色和感受就能有答案。断然拒绝女儿的男朋友进家门,岂不显得小气又无知?

　　再次,每一位担心女儿婚事的母亲,大多自己的婚姻也不幸福。很多女性的婚姻观是陈旧的,毕竟女性接受平等的教育也就百余年,所以很多人的婚姻观无法与时俱进。为了孩子,你无底线地忍耐;为了所谓的家庭和谐,你压抑自己的兴趣和追求;为了所谓完整的家,你甚至忍辱偷生(挨骂挨打却执拗地坚持)……总之,你尝尽了婚姻的苦头,只把一腔的爱倾注在孩子身上,你似乎只有一个身份,那就是母亲。如果孩子不听你的,你的存在就会存疑,所以,你内心要控制孩子,以显示你的存在感和价值感,还要以捍卫孩子的幸福为由。快停下来吧!因为你内心对于孩子婚姻幸福的担心,只是你内心不幸福的映射。你要做的不是拒绝女儿带男朋友回家,而是守好边界,退回到母亲的身份,努力经营自己的婚姻。

　　总之,作为父母,我们总要慢慢地放开怀抱,随着孩子慢慢长大,我们的心也要日益强大。接受孩子终将离开家、另立门户的现实,就像蒲公英,在春风中撒播爱的种子,眼看着孩子带着母亲内心最深沉的爱,快乐地奔向远方、找寻自己落地开花的方向。说回来,如果你连自己的婚姻都经营不好,女儿就很难谦虚地听从你的建议呀!这人间,没有不能挽回的婚姻,只有不想被挽回的婚姻。既然担心女儿的婚姻,不如以身作则,正视并经营自己的婚姻吧!

故事 2　一位优秀企业家母亲的烦恼

龚总是一位 46 岁的女性，她和丈夫共同经营着 2 家连锁超市，每年的收入比较稳定，夫妻感情也很好，唯一让她发愁的就是他们尚未成家的儿子。

她说："我儿子 25 岁，特别胖，每年光给他减肥就得花好几万。可能是小时候我们俩忙生意，一直是他爷爷奶奶带大的原因。他经常背着我们偷吃零食，还喝那种特别容易长肉的奶茶！他特别不爱收拾房间，每次进他房间我就心烦，尤其臭袜子，扔得到处都是。我给他收拾好以后，说他两句，他还顶嘴，说下次他要把门锁上，不让我进他房间！最重要的是，我跟他爸都快 50 岁了，将来他得继承我们的家业，他却不上进、没主见，非说宁愿去别人的公司打工，也不接班！你说气人不气人！"

首先，一个人想要减肥成功，必须发自内心地想瘦下来，真正有强烈的内驱力，才有可能持之以恒。你儿子作为 25 岁的成年人，他应该对自己的身材负责，而不是让妈妈来催促。考虑到孩子小时候是和老人一起长大的，所以他内心可能缺乏安全感，才会偏爱甜甜的奶茶。很多人喜欢奶制品等甜食,就是要弥补口欲期[①]的心理缺失,所以,妈妈要做的不应该是嫌弃儿子太胖,而是要给他更多鼓励和信任。当儿子更自信时,才会有动力对世界进行追求和探索,才会振奋起来。

其次,妈妈因为看见儿子的房间乱而心烦,所以自己动手收拾,这本身已经错了。毕竟儿子长大了,他应该有属于自己的独立空间,干净整齐与否都是他自己的选择,妈妈不应该越界(作为家长,应该在孩子未成年时多训练孩子整理内务的能力;在孩子成年以后以身作则,保持孩子卧室之外的地方整洁有序即可)。结果,妈妈用收拾儿子房间的方法缓解了自己内心的烦乱,同时还要指责儿子,这就伤害了亲子关系的边界。你儿子没有错,他只不过是提供了另外一个免除妈妈内心烦乱的更便捷的方法——把卧室门锁上,不让妈妈看见。如果儿子反过来指责妈妈侵犯了自己的私人空间,或者说因为妈妈不和自己商量就收拾房间,导致自己找不到某样东西,妈妈则是无法辩驳、自作自受的。所以,作为家长,当孩子成年以后,我们要锻炼的是放手和信任的能力。什么时候可以做到眼不见心不烦,你就修炼到家了。

再次,不能轻易给孩子贴标签,比如"不上进"和"没主见"

[①] 指从出生到 18 个月的阶段。这个阶段,宝宝以吸取母乳来获得口唇部位的快感,拿到什么东西都会乱咬。如果这个阶段不能得到很好的喂养,行为上就会出现贪吃、酗酒、抽烟和咬指甲等倾向,性格上就会出现消极悲观、依赖他人或没有太强的企图心等现象。

等。创一代①的内心总希望可以子承父业，但是创二代却不以为然。很少有人会站在他们的角度去看问题。他们也是独立的生命个体，他们有权利选择自己的事业发展方向和生活方式。俗话说得好："大树底下不长草。"这句话的本意是说：根深叶茂的大树会吸收大地的养分，小草就失去了成长的机会。延伸的意思是说：在父母强势的影响力之下，创二代很难形成自己的威信。他们自幼被身边人艳羡，生活在父母光辉的阴影之下，但他们的基因里也有父母的开创精神，所以每一个宁愿去打工也不想继承家业的孩子都是骄傲的、有主见和有追求的孩子。妈妈不为儿子感到骄傲，还因此生气，真是不懂儿子的内心。

总之，亲子关系趋向分离，当孩子一天天地长大，我们要分配更多的精力给自己。你始终要恪守这条教养法则——守好边界。要把孩子当成是独立个体来看，关注孩子、尊重孩子、信任孩子和欣赏孩子，而不是把自己内心的焦虑传递给孩子，更不能把孩子当成你的人生退路。

////// **故事3　一位退休妈妈的烦恼** //////

吴妈妈已经退休3年了，她丈夫还在上班。虽然她家经济条件不算很好，但在小城市中，算是衣食无忧、很安逸的状态。她唯一的

---

① 特指那些创业大军中的成功者，他们没有强大的家庭背景，也没有任何财团的经济支援，就是硬生生地通过自己的努力取得成功，把企业做大做强的人。

烦恼就是自己28岁的女儿至今未婚。

她说:"女儿小时候,我和她爸都不懂怎么教育。听人说父母要一个唱红脸、一个唱黑脸,所以我们基本上一直用慈父严母的方式教育女儿。女儿小时候学习很好,可不知道为什么,她越长大越不听话,最后考了个一般的大学。毕业的时候,她还想考研究生,我和她爸费了九牛二虎之力,才让她听我们的话考上了事业编。结果她干了不到半年就辞职了,气死我和她爸了。我们怎么说也没用,她就是不想干,最后跑到外地开了一家美甲店。本来说是要开连锁店的,我想着要是能挣钱也行,结果也泡汤了。前几天过春节,她回家了,但我和她爸什么也不能问,一问她就急,让我们什么也别管。每天睡到早上10点还不起床,也不锻炼身体。不到30岁的人,胖的跟生过孩子一样!有人给她介绍男朋友,条件真的是烧高香的那种,但她都看不上。你说,她到底是怎么想的?"

解读

首先,你的女儿没有做错什么,你想不通女儿是怎么想的,是因为你不曾站在女儿的角度看待她的情感现实。女儿有自己的追求,想考研究生,却被你们拦下了。她是想做一个听话的女儿,但奈何做了父母想让她做的事,却骗不了自己内在进取的灵魂——有鸿鹄之志的人注定不会甘于平庸,尽管会经历磨难与风霜,但至少她的内在是愉悦和自在的。如果你们可以接受她离开体制,或许她不会离你们那么远。她只是出于自保，想要逃离你们对她的操控——这是她对自己命运主权的声张。过年回家，你们一问，她就急——这不是她的错，而是内心被你们干涉太多、无数次冲突中产生的情绪伤痕尚未痊愈，还在隐隐作痛，所以碰不得，才会有过激的反应。父母应当选择原谅。至于身材变胖你们不要太过在意，爱情来临，女儿自会打起精神管理自己。爱会让人发光，而非打击和鄙夷。还有，不是对方条件好就可以爱上的，你问过女儿的择偶标准吗？所以，不知道女儿怎么想的，就去用心体察，而不是被挫败感绑架，进而对女儿产生诸多不满。

其次，命运是一条大河，每个河道都有其独特的风景。人生的每个阶段都很美，岁月静好有很多种形式。你刚退休，女儿还未婚，这种各自照顾自己的生活，相互不依赖却彼此想念（毕竟过春节，女儿回了家，这就是想念），不就是独特而又美好的人生阶段吗？所以，不如敞开怀抱，好好享受眼前的安逸。每个人都有自己的交际圈，你女儿也不例外。当她的同学和其他同龄的朋友纷纷进入婚姻时，她的内心也是有感触的。爱与不爱要随缘，父母焦虑并无多少助益。天下所有催婚的父母们，你们扪心自问："我是希望孩子幸福，还是怕自己的亲朋好友笑话？我是希望孩子幸福，还是对孩子掌控自己命运的能力不够信任？"我相信，你会哑然失笑，承认催婚有自私的心理作祟。我们的孩子活得比我们坦荡、比我们清醒，我们却总以尊长自居，活得拘谨、压抑，还想让孩子继承我们的"精神衣钵"！孩子自幼在互联网的世界里冲浪、感受着祖国一天天的富强，他们比我们更自信,比我们更有见识。我们不应该把自己内心无法安顿的焦虑传递给孩子,而是要向孩子多请教、多学习——学习孩子可以活得那么特立独行、潇洒畅快!毕竟,我们无法贯穿孩子的一生,更难看到孩子的未来,不如享受当下吧!至少孩子可以跟我们愉悦地交流。听他们说说心里话,感受到他们的感受,才能"看见"他们内在的美好。只要孩子看见我们的时候,脸上能露出明亮的笑脸,愿意和我们倾诉,这不就够了吗?为什么要无视,甚至破坏这份美好呢?

再次,我很想问问你,什么叫"烧高香的条件"?你是说男方的条件非常好,超过了你的女儿吗?为什么你不能珍视自己的孩子呢?如果你是一棵树,女儿就是你身上结出来的果实,你一点一点地把她养大,看着她娇弱可爱,出落得亭亭玉立,有主见、有思想、健康独立,你不觉得她很特别吗?我经常对我的两个女儿说:"你们的生命太美妙了,你们装点了我的生命,我要把所有的美好都给你们,因为你们都配得上!"她们总是咯咯咯地笑着,一脸明媚和满足的表情。难道只是因为对方家庭条件好、学历高、身材好或者挣得多,你的女儿就必须喜欢他吗?每个人都有自己的择偶标准,或许你女儿看着他并不顺眼、话说不到一起去,在一起没感觉,或是心里排斥家长给自己介绍对象的这种方式,只是走走过场。总之,孩子有她自己的原因。现在的婚姻和以前一样,也要讲究门当户对,但以前相亲就是看物质条件和身份地位,因为那时候多数女性没有在社会上的独立生存的能力,当然要考虑更多的现实问题。

反观现在，即使学历不高的女性，只要肯吃苦，基本上都能养活自己。所以，现在的门当户对更强调双方的学识高低、志趣相投、价值观趋同、性格上的互补和势均力敌的心性能量。如果父母不能发自内心地欣赏自己的孩子，孩子就很难有客观全面的自我认知。除非他们远远地离开父母，打拼相当长的时间。无数个日夜，孩子独自面对挑战、品味成长的艰辛，最终才有可能看清自己，明确自己的择偶标准并最终品尝到爱情的甜蜜。所以，催婚的父母不要再喋喋不休地让孩子找对象结婚了，摘下挑剔孩子的"眼镜"吧！看看自己的孩子有哪些优点，有怎样的追求，慢慢地了解孩子，发自真心地欣赏和尊重孩子吧！当你的内心修炼到家时，孩子的内心也就舒展了！

总之，退休的父母要尽早为自己设定新的人生目标，而不是把眼睛盯在孩子身上，把耳朵朝向身边的亲友。活得体面，让别人艳羡，不如让自己活得充实，让孩子轻松。永远记住：孩子有权利选择如何走自己的人生路，我们只需在一旁喝彩助威，在必要时给予支持就够了。不要相互裹挟，也不要彼此怨恨——清清爽爽、彼此顾念多好。

3. 守护孩子更长远的幸福,避免弄巧成拙

故事 1　一个亢奋浮躁的丈母娘

胡女士的独生女儿最近刚结婚不到 3 个月,但胡女士一刻也不得闲,原因是女婿家的房子赶上了拆迁。按理说这是好事,但女婿家的面积不到 80 平方米,村委会有政策,如果谁家嫌房子小,可以申请再买些面积,价格还算公道。胡女士很快就说服了女儿,因为女儿现在是跟公婆一起住,四口人挤在不到 80 平方米的房子里,有诸多不便。如果面积能再大点儿,将来有可能分到两套小房子,那就太完美了。但是,这钱谁出呢?100 多万不是小数目,胡女士想让男方掏钱,自己实在不行再贡献一些。女婿不愿意,刚开始是不答应,后来是答应以后又装糊涂,只字不提。眼看就要抽号了,把胡女士给急得团团转。最后,她委婉地跟亲家商量,让她欣慰的是亲家也同意适当地贴补一些。真是可怜天下父母心啊!胡女士发愁的是怎么催一下女婿,又不至于让女婿不高兴。

她说:"我前两天已经找开发商和村委会问明白了,只要有 160

万就够,这样面积可以超过单套的上限,将来就能分到两套小房子。女儿结婚的时候,女婿家给了我们40万彩礼,我一分没要,都让女儿自己留着了,但女婿那意思好像这40万是他们小两口的共同财产。我女儿手上是有些积蓄,包括彩礼,应该有80万左右。考虑到将来生养孩子都需要用钱,所以,女儿同意拿出30万来支持一下。我跟亲家两个老人也商量好了,我们可以各拿50万,这样他们只要去银行再申请30万的贷款就可以了,但女婿不愿意,可能他不想有那么大压力?我该怎么引导他呢?还有,我听女儿说,女婿以前每天早上起来锻炼身体,现在每天早上都要拖到快迟到才起床,我要不要说说他?我在怀疑女婿是不是对我有意见?我是很喜欢女婿的。我建了一个和女儿、女婿3个人的群,有时候我会往群里发一些好文章,希望他们看看,好好学学,但他从来不回应,我是不是要说他一下?要不然我弄的这个群不就成摆设了吗?还是说他情商低,导致我误会了他?还记得我们两家六口人第一次见面的时候,是在外面餐厅吃的饭。他给我女儿夹菜,也给亲家母夹菜,可唯独就不给我夹菜,他到底怎么想的?"

首先,女婿对于买房子没那么积极一定是有原因的,你也想到了,他感到压力太大。如果说你大手一挥,送他们一套婚房,一般情况下,孩子都会悦纳。问题是你只能扶上马、送一程,未来的压力还得靠他们自己承担,他当然就没那么痛快了,这是其一。更重要的是女婿内心可能有怨言,因为他已经给了你们40万的彩礼。虽然这钱从法律上来说是属于女方的婚前财产,但他有种错误认知,内心暗自期待你女儿能把钱都用在他们的小家庭上,毕竟你女儿手上的钱加上你们双方老人出资本来是够的,现在却让他们贷款,这是其二。其三是现在他们已经结婚了,买不买房应该是他们小两口自己定,而不是你们老人瞎操心。他想过得舒坦点儿,想守着父母一起住,这是他想要的生活。结婚就已经没少让老人花钱了,他不想再有负债。有多大本事,就享受多少福气,但你是丈母娘,你说的话他又不方便直接拒绝,所以他才拖延至今。

　　其次,你们忙乎的目的是让女儿将来婚姻幸福,但你做的事情却可能为女儿的婚姻蒙上一层阴影。你只想到女儿和公婆将来分开住,不受气,但你没想到我上面分析的你女婿的拖延心理。假设这事办成了,你和你丈夫的心态就会发生微妙的变化,你会更期待女婿对你们好、希望女婿好好对你女儿。如果你女儿哪天哭着回来跟你说他们吵架了,你很有可能会反应过激。假设这事办成了,你们亲家的心态也会不一样,他们会对儿媳妇有更高的期待,短时间还得住在一起。如果女儿懒散了、和女婿吵架了,你想亲家会怎么想。假设这事办成了,女婿主观上是不爽的,因为他不乐意,他会认为自己是被你们绑架了,别忘了,贫贱夫妻百事哀,他每个月发完工资不能花,都得还贷款,每个月都会抱怨一次。所以,这层阴影会结结实实地笼罩着他们小夫妻的感情。话说到这份儿上,我可还没说他们的工作出现变动，没收入的时候呢！

再次，都说丈母娘看女婿，越看越喜欢。我看你啊，不但喜欢，而且有点儿过于在意了。一来女婿不早起锻炼了，你是说不着的，你也不想想，哪个年轻小伙子会在新婚期间早起锻炼身体？除非他不喜欢你女儿，除非他是机器人，否则他身体吃不消啊！还有你组建的那个3人群，无论你怎么学，不管你多么认为自己与时俱进，代沟依然存在。所以，你认为很好的文章在女婿那里可能连点进去的欲望都没有，人家不胜其扰，又不方便退群。你就别再发了，也别解散这个群，让它慢慢淡出你们的视野就好了。还有，初次见面女婿不给你夹菜的问题：你内心的疑虑可以理解，但你只是沉浸在自己的心境里，没有理解别人。你女婿一边是自己亲妈、一边是自己的亲密爱人，他夹菜是可以不避嫌的；但女婿跟丈母娘第一次见面就夹菜，多少都会显得进攻性太强了。这是他作为晚辈适可而止的决定，符合礼仪，不能说明他对你有意见。所以，你得管理好自己对于女婿的这股新鲜劲儿，把关注点转回到自己和丈夫身上。如此在意，你的态度会跌宕起伏，任谁都会避而远之的。

总之，作为父母，无论孩子多大，都牵动着我们的心。我们对于孩子的希望无外乎是健康和幸福，为此我们甘愿付出一切。但是，要守护孩子更长远的幸福，千万不要弄巧成拙，有时候学会放手，关注和祝福就是我们唯一可以做的。也只有参悟到这一层，孩子才能拥有成长的空间和机会，获得属于自己的幸福。

直播间的故事

故事 2　一个尴尬又狼狈的母亲

肖菲今年 58 岁,在山西老家干了一辈子财务工作。几年前退休后,因为工作能力出色,又被原单位返聘回去,每年至少有十几万的稳定收入。因为她的丈夫还没退休,每天都很忙,所以,肖菲除了工作,就把所有心思都放在了唯一的儿子身上。她儿子名叫朱唯,今年已经 34 岁,至近未婚,一直没有稳定的工作,做过直销,当过主持人,也去大公司干过销售,但总觉得自己怀才不遇,后来还是辞了职。虽然只是偶尔才能挣点儿外快,但他也从来没找肖菲老两口伸手要过钱。为什么呢?这里面有个关键人物,就是大朱唯 10 岁的堂姐。在朱唯刚大学毕业的时候,他的堂姐就已经是上海一家大公司的高管了,还注册了几家小公司,用来承包自己所在公司的分包项目,每年都不少赚钱。他堂姐为了避嫌,就让朱唯私下给她当那几家小公司的法人。他堂姐出于感谢,每月会给朱唯的银行卡上转账 2 500 元,逢年过节还会多转一些。有了这层关系,他们两家的关系格外好,平常一直有来往。但是,后来的事情就没这么清爽了:他堂姐盛情邀约朱唯去她公司上班,因为她已经是公司的总经理了。她还劝肖菲把自己的财务经验传给儿子。肖菲本来就发愁儿子不务正业,一听有这好事,马上就满口答应了。朱唯倒也不排斥,想着自己很快就能去上海,堂姐又是老大,也很开心,跟着肖菲学了半年财务就去上海投奔堂姐了。入职当天,堂姐就把朱唯引荐给了公司的财务总监,也跟朱唯交了底,每个月给他发 10 000 元,包括工资和每个月都给的感谢费。看儿子高兴,肖菲更高兴,幻想着儿子能向他堂姐一样立足上海。但是,没过几天,她又担心儿子吃不好、穿不暖,干脆自己辞职也去了上海,和儿子一起住进了他堂姐的家。

她不无后悔地说:"我好歹一年也十几万收入啊!我和儿子去帮她,每天给她和我儿子做饭,就连买菜的钱都是我出的。可谁曾想我儿子跟公司的财务总监不对付,两个人总有冲突。可能我儿子心态也没摆正,觉得公司是他堂姐说了算,关键是每次发生冲突,他堂姐都向着那个财务总监。后来,他们实在没办法共事了,他堂姐就把我儿子调到了采购部。虽然采购部很好,但部门总监是常务副总的人,我儿子根本没办法开展工作。这不,上周领导让他回家,你说这算怎么回事?还说要把他堂姐那几家小公司的法人做变更,不让我儿子给她当法人了,那我儿子以后怎么办?我查过公司法,如果是法人的话,每个月的收入至少应该是经理级别的待遇。我们才领了几个钱?他堂姐把我们当叫花子一样打发!我是不是可以开口找他堂姐要补偿啊?"

首先,你当然可以开口,但要在开口前想清楚两个问题:一是开口的原因,二是开口后的结果。先说原因,你以什么根据找他堂姐要补偿呢？公司法吗？你们之间可是没有任何协议的，而且之前你们也是默认的，你总不能说是因为你儿子没本事、缺了这钱就得啃老吧！再说结果，假设你开口了，他堂姐不给补偿，你会没面子、恼羞成怒，甚至怀恨在心，以后两家人的关系就很难缓和了。假设他堂姐给补偿了，你们满意了，但他堂姐很有可能会觉得真是"请神容易，送神难"，从此和你们家两清了，以后这关系也很难像以前那么好了。所以，建议你三思而行，这口不能轻易开。

其次，你需要反思一下自己在这件事情当中哪些地方做得不对。生活真的是修炼场，人生的每个阶段都会有新的挑战，你需要经常反思，才能越来越智慧。在我看来，你有四个方面的错：其一是辞职的想法太冒失，太盲目乐观了。当你放弃十几万的年薪后，心态就会失衡。其二是不该跑去照顾儿子，三十好几的大男人，即使没结婚，你也应该信任孩子，否则就是在暗示孩子不行。事实证明了你的担心，或者说儿子受到了你的消极心理暗示，也或许你的潜意识就是想让儿子一辈子都依赖你？其三是你去了上海，不应该住在他堂姐家，走得太近，人就会因熟而失礼。他堂姐并没有给你提供工作机会，你却放弃十几万的年薪照顾他们的饮食起居，每天给他们贴钱买菜和做饭，她的心理压力也不会小。其四是不该纠结要不要提补偿的事，儿子这么多年吊儿郎当、没个正经的事做，你应该好好思考一下原因。当一个人每个月都有一笔收入到账，有吃有喝的时候，势必生出偷懒的心。从某种程度上说，他堂姐这么多年每个月的感谢费至少削弱了你儿子奋斗的内驱力，所以，早点儿断了挺好。

再次，孩子的路，让他自己走，当孩子成年以后，我们对孩子的信任就是我们能送给孩子的最好的礼物。这回他栽了跟头，回去你可以只管饭、不管其他开支，他才有可能好好找个工作，自食其力。有些苦，必须吃，因为那是一个人成长的必经之路。

总之，作为父母，在我们有生之年，可以看着孩子日渐成熟、愈发独立，才是最美好的事。尤其在孩子成年以后，放手才是最好的守护。愿天下父母都能守护孩子更长远的幸福、不要弄巧成拙。

4．强大心性，别让自己成了孩子最大的灾难

////// **故事** 一个焦虑不安的妈妈 //////

香香今年43岁，和丈夫结婚已经20年了。当时的她年轻漂亮，二十岁出头，虽然丈夫比她大6岁，但对她宠溺有加、百般呵护。因为香香从小就生活在一个冲突不断的家庭，所以，香香总有一种想要逃离的心，很快就和丈夫结婚了。婚后，丈夫因为年轻气盛，在外面和别人发生冲突，结果因故意伤害罪，被判处2年有期徒刑。香香一边带着几个月的儿子，一边苦等了丈夫2年。丈夫出狱后也确实有悔改，脾气收敛了很多，还找了个安稳的工作，每天按时上下班。但是，他的收入很少，远不及香香挣得多。香香慢慢地开始不满，觉得丈夫没野心。她想多挣点儿钱，于是考了各种证书，学了一堆技术，但不敢轻易换工作，害怕不仅失去现在的工作，还不能在新的行业里取得成功。丈夫了解到她的纠结，就找了一份收入比较高的工作，但经常要出差。虽然香香能理解，但又因为丈夫经常不在家闹脾气。有一次，丈夫在厨房做饭，香香忍不住偷看了丈

夫的手机，发现丈夫和一个女人聊的话题很多，比如开车技术和房产政策什么的，而且名字和头像一看就是个美女。这一下子，香香的心里就乱了，她想问，又怕知道真相；不问，自己又天天焦虑。

她说："我丈夫总是盲目自信，还特别要面子。以前，我很任性，但他对我很包容。现在，他变了，从来不考虑我的感受。前几天，他一大早给我打电话，说又要出差，我一下子就急了，说出差了就别再回来。他让我别闹，我怎么闹了！他为什么就不能找份离家近、赚钱多的工作？这么多年来，他辅导孩子写作业，动不动就打骂，孩子一点儿也不喜欢他。今年孩子高考失利，复读多难啊！他还是说出差就出差！儿子以前学习还行，现在成绩一直倒数，我真的很焦虑。不管我给儿子发什么金句、励志文，都激励不了他。我不知道该怎么跟儿子沟通，他现在一说就跟我急。我和丈夫白天要上班，也顾不上他，每天都说不上几句话，但照这样下去，他明年还是考不上。怎么办啊？"

首先，通过你的描述，我可以感受到你内心深处的恐惧。这种恐惧让你不停地搜索，搜索一切可能对你们生活不利的因素，比如：

- 你偷看丈夫的手机（尽管很多女人都会干这种事，但不能因为别人这么做，就说明这是对的），这就侵犯了对方的隐私，是不对的——这也是你对婚姻失败的恐惧。
- 你嫌丈夫赚得少，觉得他没野心——这是你对贫穷的恐惧。
- 你担心孩子考不上大学，所以你费尽心思激励儿子，直到他麻木——这是你对晚年生活过得凄凉的恐惧。

无论你是否承认，你内心的恐惧让你焦灼不安，让你自寻烦恼，成了丈夫口中那个无理取闹的人。俗话讲，怕什么来什么。当你内心的恐惧过于强烈，你所有的言行就会被牵引着，在现实生活中策划和编排那样的情形，以印证你（潜意识）没猜错。究其根源，你一半是受了原生家庭的影响，冲突不断的家庭无法给予孩子安全感，所以，你潜意识里觉得夫妻就应该经常打打闹闹。刚开始你丈夫脾气大，你内在有一种莫名的亲切感；但他出狱后改了，你的内心却还在躁动。这么多年来，丈夫对你很包容，显然他依然深深地爱你和感激你，否则不可能和你过到今天。所以，对你而言，现在最要紧的不是多赚钱，更不是操心儿子的学习，而是修炼你的心性。

其次，包括父母在内，没有人会永远爱你，当然也包括你丈夫。你们的感情基础很好，你为他傻傻等待2年；他为你老老实实上班，因为你嫌他赚得少，就又找到一份需要经常出差的高工资的工作。至少从你的描述当中，这个男人对你有情有义，但你的内心在变。你嫌他赚得少，没野心，但他负责做饭和辅导孩子写作业啊！你要看到丈夫对家庭的付出，而不是他那些不完美的地方。你要警惕的是自己的内心，尤其你觉得儿子怨恨丈夫，其实不是，是你的内心有恨——你恨他无法满足你的期待，你恨他让你过得这么苦。所以，你的儿子抱怨他，更抱怨你。怪你不能陪着他，让他一个人饱尝孤独；怪你没有离婚，好让他不用再挨骂。母子连心，这句话是有深意的。母亲的内心越焦虑，孩子的行为模式越散漫，因为他潜意识试图用他的行为告诉你："妈妈，你别太累了，你像我一样，放松一下吧！"当你在痛心疾首地诉说你丈夫的百般不是时，你早已成了孩子最大的灾难。

再次，说说你具体怎么办吧！

- 学习并勤加练习化解和疏导情绪的方法。人到中年，得学着顺应自己的个性做事，逆着性格做人。这个年龄再任性，没人会纵容你。
- 接受现实，别再好高骛远。你考了一堆证书，却没勇气尝试，这样是不可能有所改变的。自古富贵险中求，你是个求稳的人，你丈夫也是，那就珍惜当下，省着点儿花。你知道冲突不断的家庭给孩子造成的是什么影响，所以，沉下心，好好修炼你的心性，让原生家庭的影响不要再代际传递到你儿子身上。
- 放松下来，不要再过问你儿子的学习了，除非你儿子主动请求你的帮助。高三复读本来心理压力就大。他每天去学校，老师和不熟悉的低年级同学都在身边，还有他原来的高中同学群，随便什么消息让窗口弹出来,都在提醒他——他没考上,他是个失败者。是你给他施加的压力太大了,此时无须谈,要闭口不提,和儿子当朋友处。做好他明年高考还有可能失利的准备吧!只有这样,你的儿子才能回归自己的角色。

- 还有,如果你对丈夫的工作不满意,可以帮他找一份不用做事、还拿钱多的工作。如果你也找不到,就别再撒气,因为你做不到的事情,就别要求对方必须做到。这不是吓唬你:如果丈夫出差前和妻子发生了冲突,出差期间发生婚外情的概率更高!所以,别再无事生非、无理取闹了。

总之,要想处理好亲子关系,先得把亲密关系经营好。教育孩子的方法一定要因孩子而异,没有哪个方法适合所有孩子。但是,万变不离其宗的法则还是有的,比如父母的心性成熟、父母有各自的追求(关注点不光只是孩子)、父母恩爱、家庭和谐、尊重孩子的独特天性,信任孩子以及发自内心地欣赏孩子等。

5. 做个温柔的妈妈，孩子才能更有涵养

////// 故事　一个忧心忡忡的妈妈 //////

丁玲和丈夫是研究生时期的同学，他们毕业后，很自然地走在了一起。结婚到现在，已经12年了。尽管双方工作都很稳定，收入也还可以，但他们过得并不开心。

她说："我丈夫是个直男，从来不会好好说话，一点儿小事就跟我急。孩子哭了，他跟我急；带孩子去外面玩，上洗手间速度稍微慢一点儿，他也跟我急。平常我跟他联系，经常话还没说完，就挂我电话。发信息也经常不回，我说他两句，他还说他知道就行了，没必要回。我不是没学问的人，好歹也是研究生毕业，但我实在太委屈。我父母总跟我说，要忍着点儿，要体谅他。我知道他也不容易，当时我们大学毕业后彼此找的工作离得太远，最后他放弃了一个好机会，跟我来到我老家。又因为我父母身体不好，他就让他父母都过来帮我们带俩孩子。但是，现在他这样的态度对孩子影响不好，我实在不能忍了。我们家老大9岁了，学习还行，但平常总是

玩手机里的游戏,还说脏话。因为我丈夫也经常爆粗口,平常下班晚,带孩子也少,他带孩子就是给孩子玩游戏。小儿子现在5岁多了,主要是我带。也不知道为什么,他特别没主见,总是一个人哼哼唧唧的,非常情绪化,动不动就哭,而且特别不好哄,明明没事儿,还老让我给他贴创可贴。我要怎么做,孩子才能好呢?"

首先,要想解决问题,我们需要先把问题描述清楚,然后再来分析问题形成的原因。锁定原因后,我们才能制定相应的解决方案。所以,我们先来看看你提到的问题:

两个儿子	序号	问题描述
9岁儿子的问题	1	虽然学习还行,但爱玩手机游戏
	2	说脏话
5岁小儿子的问题	1	没主见
	2	爱哼哼唧唧
	3	情绪化严重,动不动就哭
	4	没受伤却想妈妈给贴创可贴

针对大儿子爱玩手机游戏这个问题,我认为不是问题,因为你说孩子的学习还行。这是一个非常普遍的亲子问题,几乎每个家庭都会有。这是手机成为便携式的智能终端以后,所有人都要面对的专注力挑战。我想先问你一个问题:如果几个你非常欣赏也很欣赏你的朋友邀请你去聚会,聚会中有好吃的、好喝的,又有好玩的,

你有时间，还不让你花钱，你是去参加聚会，还是在家窝着玩电子游戏？大部分人的答案应该是欣然应邀。同样的道理：每个孩子天生都喜欢玩耍，如果家里人可以给到孩子很好的陪伴，孩子自然不会一动不动地坐在那里玩电子产品。关键是像你说的，爸爸下班晚，陪伴的时候又不上心。那么，请问你呢？天下所有父母，谁都不可能做到一天24小时随时供孩子差遣，何况你家还有两个孩子。所以，针对这个问题，你要注意的是停止抱怨老公带孩子时鼓励孩子玩手机，因为抱怨只会打击他的积极性，让他更没有能量陪伴孩子。多夸赞孩子在学习上取得的成绩和付出的努力，借此鼓励孩子把更多专注力放在学习上。你自己要尽可能地多陪伴孩子，哪怕只是关心孩子，听他说说心里话。

针对大儿子说脏话的问题，你给出的理由是你丈夫也经常爆粗口。尽管你的说法没有错，但我还是感觉到了一丝抱怨的意味。如果你丈夫在和你一起读研究生的时候就这样，那你是自找的，你早就应该想到孩子会被父母影响；可如果他是后来才有的这个毛病，你就要想想原因了。众所周知，人如果每天过得都不开心、压抑，就有可能在某个瞬间开口骂人，进而找到某种快感，然后变成了一种习惯；同时，每个人接触的社交圈子也会对他造成一定的影响，说脏话的男人的确很多。所以，针对大儿子说脏话的问题，作为妻子，你要注意的是减少对丈夫的抱怨，因为抱怨无用；避免指责孩子，因为指责是某种提醒，让孩子意识到他是个爱说脏话的小孩儿。多和丈夫沟通，心平气和而非相互指责，只有你们两个人的心更近，误会才能更少、情感才会升温，他说脏话的频次才能慢慢降低。

其次，我们再来分析一下小儿子的问题。

如果孩子没主见，原因往往有三个：最重要的原因是家长太有主见，经常替孩子做决定；最常见的原因是孩子有想法的时候，家长会第一时间否定，这样就打击了孩子的自信心，慢慢地，孩子为了避免被打击，就不再思考了；第三个原因是当孩子按照自己的想法做事时，家长总是否定，甚至耻笑。你说小儿子主要是你带，所以，你需要反思一下自己是否需要调整跟孩子沟通时的方式。

对于孩子总是哼哼唧唧的现象，很多父母会第一时间制止。比如说："有话好好说！哼唧什么呢！不陪你玩儿，你有意见；陪你玩儿，你还这么难搞！你想要怎样？！你给我闭嘴！烦死了！"这样对孩子说话当然很爽，但只有你自己当时爽，孩子当时会很受伤，你事后也会后悔。所以，我们应该意识到，孩子这样是因为长期没人陪伴才想出来的办法，他自己跟自己说话，不至于太寂寞。所以，你应该安静地倾听，或者温柔地问问孩子：

- "亲爱的孩子，你有什么想法？我想帮你！因为我爱你！"
- "对不起，妈妈刚才思想不够集中，你能再说一遍吗？你想要什么？"
- "我只想让你开心、健康地长大，你这会儿需要我吗？"
- "孩子，大点声好吗！我好想知道是什么让你不开心啊？"

至于小儿子情绪化严重，动不动就哭的问题，其根源是内心缺乏安全感。母子连心的说法自古就有，这是客观存在的心理现象。你的内心充满着对丈夫的不满、对孩子未来成长的焦虑，儿子每天就在你身边，他一定能敏锐地捕捉到。所以，孩子有问题，父母得看病。孩子与生俱来就会察言观色，因为这是进化造成的，人类代代相传的基因有很多，其中一个就是刚出生的孩子可以通过观察养育自己的人的表情来判断情形对自己的好坏，进而调整自己的言行，以讨好大人，最终得以存活。所以，你需要掌握更多疏导自身情绪的方法，化解你和丈夫之间的矛盾，慢慢找回内心的平静和幸福感。转头你再看孩子，他的一切言行就都对了。

包括你说孩子没受伤也要让你贴创可贴的问题，其根源也是内心缺乏安全感。每个个体感知疼痛的敏感度不同，每个孩子对爱的需求量也不同，有的孩子的确带起来更费神。孩子毕竟还小，有时候不太会表达，但他有感知。所以，可能某一次受伤，或者他看到过某个动画片，从中发现大人给孩子贴创可贴时很关注孩子、很温柔，他就爱上或向往那种被在意、被照顾和被疼惜的感觉。你要学会假戏真做，孩子再有这种要求，你照做就好，权当是无实物表演了，而且还要在以后多关心孩子。只有温柔的教养，孩子才能拥有满满的安全感和探索未知世界的勇气。

再次，尽管这是一个亲子问题，但根源还是夫妻关系中的问题。所以，不要试图忽略夫妻关系的经营，更不要奢望学会几句话，就可以把孩子培养成优秀人才。水滴石穿的自然奇迹，不是因为水有多大力度，而是它不舍昼夜的滴坠。教育孩子的本质是要认真生活，认真面对所有不快、全然接受所有挑战，尤其是婚姻的挑战。婚姻裹挟着一系列挑战，在我们毫无察觉、没有防备时偷袭我们，我们必须严阵以待、满怀信心、精进不休。

总之，要想孩子好，先让自己好起来。身体好、心情好，就是每一个家长的人生绩效目标。家长一味地自我牺牲，孩子肯定好不了——这是因果法则，谁也逃脱不掉。

6. 系统实施自主性教育，培养有主见的孩子

////// 故事　一个担心女儿太没主见的海归妈妈 //////

肖琪今年 32 岁，7 年前在美国拿到了硕士学位并回国就业。上班后，她认识了现在的丈夫，也是她的同事，两个人有很多共同话题。目前，他们有一个 5 岁的女儿，平常有两边的老人帮忙，工作也很稳定，一家三口的小日子过得很和美。但是，让肖琪感到美中不足的是女儿的性格。

她说："不知道为什么，我和丈夫都挺有个性的，但我女儿特别没主见。比如在外面吃个饭，我问她吃什么，她说不出来，非说我点什么她吃什么。我逼着她点，她就点一堆不能吃的，比如油炸的、冰的或凉菜什么的，好像故意跟我过不去，但又一副特别乖巧的样子，你还没法跟她急。前两天，我跟丈夫商量要不要给女儿报舞蹈班的事，因为我们俩意见不一致，就问女儿，她居然说可以学，也可以不去学。这也太没主见了！我们单位是个外企，每次晋升面试的时候，领导问的都是你自己的看法，没主见的人是很难有发展的。

而且幼儿园老师也说她内向,虽然她从不跟别的小朋友闹别扭,但总爱哭,这可怎么办呀!"

首先,孩子的性格养成要在家长身上找原因,因为性格的形成和后天的成长环境也密不可分,比如大人如何引导孩子、大人之间如何沟通、老师的教导、同辈人的相互影响和自身后续的专业和职业等。所以,你女儿没主见,多少和你有关。比如你想让她点菜(或许你是想培养她的自主性),但她说不点,按理这就是孩子的主见,你却逼她点,这种逼迫本身就是在削弱孩子的主见。五岁的孩子没有那么清晰的认知,什么是主食、什么是凉菜,她很有可能是点好看的、新鲜的,或者平时被你禁止的。你却认为她在和你对着干。因此,你彻底削弱了孩子的自主性。孩子的内心会很混乱:为什么让我点菜的是你,嫌我点的不好的也是你?人的天性是趋利避害的,这句话怎么理解呢?就是当你女儿发现自己费尽脑细胞点了菜,却还是免不了被你批判,那下次宁肯被你逼迫,她也不点了,最起码还能省点儿脑细胞。于是,你认定孩子没主见,其实,让孩子日渐失去主见的正是你。

其次,也有可能是受你丈夫或者你们夫妻之间的互动模式的影响。每个人内心的能量是有限的,比如你遇到了一些无法承受的事,就会失控；再比如你偶尔会对孩子失去耐心，冲孩子发脾气，孩子内心的能量也是有限的。所以，当你们夫妻之间发生争论时，很容易启动孩子大脑当中的求生模式，孩子都希望自己的父母和谐相处，你们之间的争论会诱发孩子关注你们，心理能量被大量消耗。比如当你们夫妻当着孩子的面，对于孩子是否要报舞蹈班产生分歧时，孩子只想尽快让你们平静下来，好好说话，她哪里还顾得上自己的心思！所以，父母尽量要避免在孩子面前发生争执，更要真诚面对婚姻，忠诚于自己并忠诚于家庭，让自己快乐、让夫妻和谐、让孩子可以安心探索她内心世界，而不是被你们的负面情绪和矛盾影响。希望有类似问题的父母都能想通，不再质疑为什么自己很有主见，孩子却没有，正因为你在孩子面前太有主见，孩子才变得没那么有主见！对你的整个生命历程而言，孩子只是陌生的客人，她有自己的个性和优势，你要看见孩子、听见孩子，孩子才有可能放松自在地成长，成为她自己。所谓看见孩子，是要不带任何预设地关注孩子；所谓听见孩子，是闭上嘴巴，给孩子话语权和信任。

再次，很多家长没少看亲子方面的书，也知道应该给孩子自主权，但孩子是否敢于表达自己内心的主张？是否具备说出自己想法的能力和内驱力？妈妈是真的想听见孩子，还是只想从孩子嘴里听见自己想听的内容？我们给了孩子生命，更要给到孩子一个可以充分表达自己的成长环境。所谓的"有主见"在心理学上有个说法叫"自主决定"，是指一个人可以很好地管理自己的生活（无论节奏，还是各个维度的走向）、遇事能独立思考并慎重做出决定的能力。所以，自主性教育现在已经大行其道，这的确是一个系统工程，需要天下父母有意识的、有耐心的呵护与培养。你可以：

- 让孩子自主选择兴趣班。初中以后，可以引导，但不要再强迫孩子参加某种兴趣班。
- 让孩子自己决定是否加入某个社团。
- 如果孩子喜欢，就多带孩子参加一些比赛，如果孩子可以取得好成绩，就会很自信。孩子越自信，越敢表达自己的想法。
- 让孩子自己决定买什么衣服或平常穿什么衣服。
- 让孩子自己设定目标，更能激发孩子的自主性。
- 不再干涉孩子的职业发展，只给信息和建议，但不强迫孩子。
- 灌输正确的价值观，比如人要有梦想；工作不仅为赚钱，更要喜欢且可获得尊严，最关键是能帮助别人、对社会有益等。
- 传递积极向上的生活观，发现生活中的小美好，感恩生活中的人、事、物，提升自己的幸福指数，就是最好的教育。
- 和孩子讨论热点话题，听听孩子的见解，允许孩子有不同的观点。
- 不再过度保护孩子，不再剥夺孩子通过失败获得真实体验的机会。
- 鼓励孩子请教别人，更要鼓励孩子多帮助别人，而非一味地不给别人添麻烦；否则孩子做事会畏手畏脚，甚至过于谨慎、自卑，乃至一蹶不振。

- 假设发现孩子模仿别人,要反复强调:模仿别人最没品位。
- 经常问问孩子:"你是怎么想的?我很想知道。"
- 经常告诉孩子:"无论你做什么决定,我都支持。"
- 经常强调你的真实想法:"孩子,我永远爱你,不是因为别的原因,只是因为你是你。"

总之,面对没有主见的孩子,家长要反思并调整自己和孩子互动的方式,用心经营和谐的家庭氛围,并在日常生活中,不动声色地、系统地实施自主性教育。

7．正确看待孩子撒谎，真正走进孩子的内心

///// **故事** 一个因儿子撒谎而诚惶诚恐的妈妈 /////

赵容最近因为孩子的事情焦虑不安，甚至还去找了心理医生，但效果并不明显。她有两个孩子，女儿读高二，儿子读初一。女儿各方面都还好，主要是让她寄予厚望的儿子令她很头疼。赵容和丈夫在一个三线城市做生意，赚了不少钱，但为了孩子能接受更好的教育，就在距他们有两个小时车程的省会城市买了房子，请公婆帮忙带孩子。儿子从幼儿园开始，就一直在省会城市学习。她每到周末就驱车几个小时去看孩子，丈夫每个月也会回去一次。

她说："我记得儿子小时候特别乖，每次我去看他，他都会给我看他的考卷，学习成绩一直都很好。现在好不容易到了重点初中，有时候又经常要上网课，他的成绩却直线下滑。把我快急死了！我说他两句，他还挺有理，说大不了以后不玩手机了，还说自己已经尽力了。他爸就是这样，平时不爱说话，嘴巴金贵得很。孩子的奶奶和爷爷关系也不好，他爷爷就是那种闷葫芦；奶奶挺能说，不过嘴巴挺损的。

前两天，我丈夫过生日，儿子给他买了个电动剃须刀，我们还挺高兴。结果没几天，儿子自己又偷偷把剃须刀卖了，我是在他手机里的二手物品交易软件上看到的卖货记录。我问他原因，他还不承认，后来又说反正他爸也不缺。刚开始我以为他是记怪爸爸收到礼物没用呢，后来，我发现儿子偷偷拿我的手机给他自己转账，转完账还删除转账记录。但是，他不知道手机银行里是有明细的。我不奢望他将来一定要上名校，但人品得正啊！他怎么能撒谎呢？他又不是没钱，我从没让他缺过零花钱啊！这孩子大了，怎么这么让人操心呢！"

首先，你过于敏感了，尽管你嘴上说不重视学习成绩。你对孩子学习成绩下滑的焦虑已经超过了孩子自己，这是不对的，你应该让孩子知道，学习是他自己的事。或许，你怀念儿子小时候学习成绩靠前的美好，但那份美好里蕴含着今天的结局。因为，孩子早就发现你很在意他的学习成绩，所以，他才努力学习考高分，只为让你开心，以获得更多的关注。这是一种最本能的生存机制——为了活下去，我要努力调整自己的言行，以获得养育人对我的关注和爱。首先，你需要关注自己内心的焦虑（越是不能在现实社会获得成功的人，越容易为孩子的成绩焦虑），你对孩子的学习成绩关注过度了。其次，初一是很耗费心理能量的阶段，孩子需要适应新环境、适应新的老师和同学，网课这种新的学习方式也需要适应。而且，越是学习成绩好的孩子，心理压力越大（他们更适应、更擅长通过传统的线下教学取得高分）。所以，学习成绩下滑只是暂时的，只要基础好，他的后劲儿一定很大，你不必着急。你内心的焦虑正在"精心策划"孩子的学习成绩继续下滑！因为焦虑会传染，你正在通过你的焦虑影响孩子，分散孩子更多的心理能量，导致他不能聚焦于适应和学习。让孩子知道学习是他自己的事，需要一些技巧，比如：

- 不催促——催促的父母总嫌孩子拖延。孩子的心声是反正你都帮我操着心呢，我就不用自己操心了，多玩一会儿是一会儿（这就是一个恶性循环）。
- 为孩子打造可以专心学习的环境——排除干扰源，教会孩子整理书桌，养成列出学习任务清单的习惯，节假日要尽量保持正常的作息，养育人自身要成为一个爱学习的人（因为行胜于言）。
- 让孩子感受到学习的乐趣和成就感——及时给予孩子努力学习的正向反馈；文理科交替着学以避免孩子大脑过早疲惫；重视孩子刚开始学习的前3分钟（先易后难、不打击、不唠叨、不给答案）。
- 帮助孩子找到学习的内在动机——鼓励孩子帮助成绩稍差的同学（"教"才是最好的"学"，孩子为了教会别人会听得格外认真）、让孩子设定超越自己而非超越别人的学习目标。

其次，再来说说小孩儿撒谎的事。从人性上讲，每个人都是趋利避害的，都会预想自己的言行会产生怎样的结果，然后再选择对自己有利的言行。比如孩子撒谎，如果他知道自己照实说不会有好果子，他就可能撒谎。假设老板跑过来问你："最近你工作努力吗？"你会怎么说？正常人都会说："是的！我很努力！"没有人会说："这个不好说，我的确是满勤，但我在工作时间也经常查看个人信息，我还经常去三号会议室午休一会儿！心情烦了我还喜欢去天台上发呆！"对吧！这不怪员工撒谎，只能怪老板提的问题不对。你儿子知道，他实话实说会挨批评，于是撒谎就成了他的一种"自保行为"。所以，孩子撒谎，大多数情况是大人逼的。无论你儿子偷偷卖掉剃须刀，还是用你的手机偷偷给他自己转账，都是因为他不想让你发现，而且他认定：如果你知道了，你是不会同意的。这说明你平时对他可能过于严厉，他觉得自己不够自由，又没自信能在你面前争取到更多自由。所以，即使你没让他缺过钱，他也不能动你给他的那些零钱，因为你会洞悉一切，并严格审查每一笔钱的去处，所以，他只好想办法自己偷偷搞钱。当我们的孩子处在小学一年级、初一、高一和大一的阶段，我们尤其要注意，跟孩子的沟通要更民主，更开放，多问问孩子：

- 你长大了，已经是大人了，对于接下来的生活，你有什么意见可以提，我们可以讨论，我想多听听你的想法，因为我爱你，我也相信你有自己的想法。
- 关于生活方面、学习方面和老师同学的关系方面，有需要我配合的吗？我们渐行渐远，我们有各自的圈子、追求和挑战，我不能每时每刻陪在你身边,但我对你有信心,我会一如既往地支持你。
- 人生一辈子,会有很多的转折点。新环境有新挑战,新挑战就有新成长,别怕!我永远在你身边。

再次,对于孩子,无论是学习成绩,还是内在品质,都需要父母给予正向引导。但是,很多家长只看重学习成绩,忽略了孩子的内在品质。尽管你说你不奢望孩子将来一定要上名校,但你的实际行为更能说明问题。为了去省会上学,让儿子从3岁开始不能每天见到父母。对于儿子来说,每天生活在爷爷奶奶身边,见到的是爷爷的沉默,听到的是奶奶的喋喋不休,只有周末才能看见妈妈或爸爸,孩子心里太苦了!你知道孩子每天晚上夜里醒来,多少次哭着喊着要妈妈吗?再好的学校也有教育的缺失,再是名校也弥补不了家庭特有的爱和温暖。学校训练的是孩子的大脑,家才是滋养孩子心灵的地方。缺失了家庭的滋养,孩子必然会出现品质上的很多问题。但是,你让儿子远离父母,整整10年了(幼儿园3年,小学6年,现在是初一)!你不应该因为孩子的学习成绩和所谓的撒谎而焦虑,你应该为孩子没有为他自己学习而焦虑,为孩子有心里话不跟你说而焦虑,为如何能去省会城市和孩子每天朝夕相处而焦虑。你更要在这种良性焦虑的情绪驱使之下,尽快采取切实的行动,改变这一切,让孩子的内心别再无望地渴求父母的爱、不再怀疑父母是否真的爱自己。

总之，事出必有因，孩子的言行一定出于孩子自己的考量，家长多问为什么，像一个好奇的心理学家一样走近孩子、看见孩子、理解孩子，孩子才有可能少走弯路、茁壮成长。至于孩子的每一笔钱到底花在哪儿了、孩子晚上睡前是在跟谁聊天、周末他究竟在跟谁一起打游戏，虽然这些都很重要，但不必都搞得太明白——因为水至清则无鱼，人至察则无徒。好好学习、好好赚钱、好好健身，让自己每天对这世界有多一分的了解，对孩子有多一分的理解，对自己有多一分的悦纳，孩子自然也会越来越好。

8. 唯有道歉和爱，才能化解心结

故事　一个有"毒"的母亲

　　刘蕙芬今年 55 岁，和丈夫早年间经媒人介绍仓促结婚，有很多积压的问题，但两人为了一双儿女始终没离婚。虽然夫妻 2 人经常吵架或冷战，但到最后问题总是不了了之。她 21 岁就生了闺女，后来眼看着闺女指望不上，又生了儿子，也算是有儿有女，凑齐了一个"好"字，但现在一双儿女都不让他们省心。儿子还未成年，被他们娇惯得生活不能自理；女儿早就成了他们的"仇人"，几年都不回一趟家。一说起闺女，她的话匣子就打开了。

　　她说："闺女小时候是姥姥姥爷带大的，我和她爸一直在外地打工，所以她跟我们不是很亲。闺女从小不爱学习，大专毕业后死活不回来上班，我也没办法，主要是因为她跟她爸一直不对付，只要在一起就吵架。可能是我父母总在她面前念叨我丈夫不好吧！有时候我跟丈夫吵完架，也会跟闺女念叨她爸的不是。后来她找了个没钱又没学历的男朋友，还比我闺女大 7 岁。我劝她别急着结婚，但她非要跟我对着干，回来偷了户口本，就跟人家登记结婚了。气得我和她爸都没理她，婚礼也没去，当时儿子又正好生病，我们也确实走不开。到现在成了闺女的心病，天天说我们不爱她。其实，婚都结了，又生了孩子，怎么可能不希望他们好呢？女婿经常给我们表决心，说会好好努力赚钱养我闺女的，我听着心里也舒坦。后来，女婿承包了几个工程，我想着闺女算是找对人了，我们这儿做工程的都挺挣钱的。于是，我就瞒着老公借给了女婿一些钱。可女婿居然没干好，说是工地上出了事故，钱肯定是要不回来了。再后来，女婿又说处理好了，工程还能接着干，让我再借一笔钱给他周转一下。我想着如果不继续借，之前借的就打水漂了，所以，就又借了他一笔钱。前后一共有98万，那可是我和我老公一辈子的血汗钱。可没曾想，之后女婿居然说甲方不给钱，他也没办法还我。毕竟纸里包不住火，我丈夫知道以后，跟我吵了一架，到现在还一直埋怨我。我瞒得很辛苦，现在肠子都快悔青了！就这样，闺女结婚不到5年就离婚了，我后来再找前女婿，他说不是他不还，是真没赚到钱。他态度很好，只说自己没钱，我也没办法。我和她爸怎么都好说，大不了吃糠咽菜，大半辈子也是这么苦过来的，但是我们还有儿子，以后儿子怎么办。所以，我们老两口只好继续拼命赚钱，同时，也想鞭策闺女努力挣钱，说她必须替前夫还债。到现在他们已经离婚好几年了，欠我们的钱才还了一半。但是，闺女心里认定我们不爱她，对我们怨气太重，就好像是我们故意难为她似的！她也不想想，她当姐姐的，有没有为她的亲弟弟考虑过？平常见不着她还惦记她,但想想又头疼!这心结还能解开吗?"

首先,只要有爱,就没有解不开的心结,但你要知道问题的根源在哪里。导致女儿认定你们不爱她的原因错综复杂,如下表所示:

序号	问题的根源	女儿的情感现实
1	你们在外地打工,没有带着女儿	女儿自幼很少能见到父母,还总听到姥姥姥爷说爸爸的坏话,导致她内心既渴望父爱,又对爸爸有成见,太痛苦。
2	你和丈夫冲突不断	父母吵架和离婚相比,前者对孩子造成的伤害更大。
3	你们没参加女儿的婚礼	你们从一开始对女儿婚事的反对,到最后不到婚礼现场祝福,给女儿内心留下的只有哀怨。所谓的儿子生病只是一个苍白的借口。
4	你两度借给女婿钱,却让女儿还债	女儿没求你借钱给她前夫,离婚后却被迫还债,太冤。
5	你们让女儿感觉到弟弟更受重视	相比较于弟弟,女儿认定自己不被你们喜欢。
6	你们高龄产子	女儿认为照管弟弟是种压力,所以想逃离。

单独看左边"问题的根源"这一栏,你们一辈子都在为子女忙碌,不得半日闲,实在是不容易。但是,你们从头至尾都疏忽了女儿的内心感受,现在却希望女儿内心充满阳光和回馈之心,这是毫无道理的要求。单独看右边"女儿的情感现实"这一栏,你才能体会她一路成长的心路历程:

- 女儿自幼生活在姥姥和姥爷身边，听到很多他们对女婿不满的言辞，而每一个孩子天然都是爱父母的，所以，她内心的情感会割裂，爱或不爱已经举棋不定。这是你的父母给女儿内心饮下的第一杯"毒药"。
- 孩子不仅天然地爱父母，更天然地希望父母相亲相爱，这样孩子才会认定自己是带着祝福来到世界的，才会生出自爱的底色。你们吵架或冷战带给孩子的是无助感和自卑感：想让你们好好过，你们却吵个不停，孩子使尽浑身解数但因无能为力而感到无助和自卑。这是你们在无意识中，经年累月地给女儿内心灌溉的第二杯"毒药"，让她不知道如何与伴侣相处。
- 你们可以不认同她找的男朋友，表现出坚决反对她结婚的态度。但是，当她义无反顾要结婚的时候，你们必须送上祝福。越是当初反对的厉害，越要真心祝福，因为你得让孩子知道：无论你做任何决定，只要是你自己坚定了选择，我们都支持你。你们却以儿子生病为由，用不去婚礼现场执拗地坚持你们的态度。这是女儿内心被迫咽下的第三杯"毒药"。请问女儿婚后的不幸福，她怎么向你们倾诉？等着你们说她自己活该吗？这种做法注定你们之间的关系渐行渐远。
- 你们借钱给女婿，实属荒唐幼稚的行为。你有支配自己大半辈子辛苦钱的权利，女儿却不应该为你的糊涂买单，她很冤枉，却依然在还债。这是她千疮百孔的内心被迫接受的第四杯"毒药"。试想一个外地女人，离异，还带着个孩子，她是怎么熬过来的,你了解吗?你当时生了女儿,你的父母可是你的坚实后盾啊!你居然还说是想激励女儿!强词夺理,是想让女儿帮你们养儿子找出的冠冕堂皇的理由吧!

- 你们眼看着女儿指望不上,才冒险高龄产子,这种做法既幼稚,又可悲,是基于一种错误的亲子观念:"养儿防老。"就算是投资,你也要真诚,面对女儿这一路走来的心路历程,你有没有心生惭愧呢?如果有,你就要改变态度,不再要求女儿什么,而是回馈女儿,只有这样,她也才有可能停下逃离的脚步,她已经承受了太多本不应该承受的压力。这样缺少父母关爱和家庭温暖的孩子很容易被感动,尽管她可能会说很多难听的话,但也只有你们父母才能给到孩子慰济,因为她内心的黑洞缺的就是你们的真心疼爱。

其次,你要向前看,你们的家庭结构很快还会发生变化,比如儿子会长大成年,离开这个家;女儿会再婚等。我们先来说女儿:她后天形成的依恋模式可能会导致她不再相信任何男人,或很快再婚。不再相信任何男人,会让她的孩子缺失男性养育人的教导;很快再婚,会让她再次遭遇婚姻的创伤,孩子也会跟着遭罪。大体上,成年以后,人的依恋模式有三种,分别是安全型依恋、焦虑型依恋和逃避型依恋:

- 拥有安全型依恋模式的人往往情绪稳定,即使和伴侣发生冲突,通常也不会出现崩溃、冷暴力、拉黑对方、离家出走或提及离婚的情况，因为他们自幼见证了长久稳定的亲密关系，生活在比较和谐的家庭。有正确的亲密关系模板做参考，通常可以很好地化解矛盾。

- 拥有焦虑型依恋模式的人内心长期被恐惧驱使，因为害怕失去伴侣而焦虑，进而展开一系列的冲动言行。他们总是爱得死去活来，比如伴侣一离开，自己就会胡思乱想；比如稍微感到对方的一丝忽略，就会患得患失。平平淡淡的生活在这样的人眼里，就是爱在消逝。所以，经常会粘着对方、管控对方、无事生非，弄得伴侣焦头烂额。

- 逃避型依恋模式的人比较矛盾，他们一方面内心渴望爱，一方面又怕被爱所伤。通常，他们会想办法吸引对方、关心对方、为爱奉献，当他们的爱得到回应以后，又开始害怕两个人走得太近，不敢付出太多真情。他们给人感觉忽冷忽热，让人难以捉摸，最终无法拥有对方的爱。当他们发现自己如此小心翼翼，却依然无法赢得心上人的爱时，又会庆幸自己没有全部付出。其实是怕什么，来什么，他们亲手策划了自己的爱情悲剧，并且在下一场爱恋中他们会更加保守、更加让人感觉捉摸不定。

无论哪种依恋模式，都很难在短时间内彻底消失，它堪比人的第二基因：隐匿却不容置疑，让人毫无意识地在某种生活方式下循环往复。你女儿的内心极度渴望爱，渴望来自父母的爱，尤其是父爱，因为她和父亲的关系在你和你父母的影响下尤其恶劣。所以，爱的首要法则是要什么，就先给什么。解开女儿心结的唯一路径是父母真正的爱和关注。你们可以去看望女儿，给女儿搭把手，别再提及债务问题，甚至应该把以前女儿还给你们的钱退回去。除此之外，别无选择。

再次，说说你那未成年的儿子。尽管你说得少，但可以想象，你们一定对他寄予厚望。老来得子，总是疼爱有加，但我们无法参与孩子的一生，最终将是他们姐弟两个人在人间相互照应。所以，如果你们爱儿子，请用爱换回女儿的心，让女儿的内心有能量照顾弟弟。否则，最终的结果只有一种可能——女儿带着内心对你们的恨，远离她唯一的亲弟弟。试问：对于父母而言，还有什么比这种明明是至亲，却老死不相往来更让人失望的事吗？

总之，无论是为了弟弟将来可以得到姐姐的照顾，还是女儿将来能够拥有幸福，你们都应该意识到爱的缺席带来的创伤，并试着放下偏见和执拗，向女儿的内心靠近，无论她的反应多么激烈或冷漠。

粉丝真诚感言

（粉丝排名不分先后）

  我是一位 29 岁的学员，在众多姐妹中我算是年龄偏小的。之前我学过大量的课程，也花过很多冤枉钱，重要的是，我如此幸运地遇到了杨文利老师。我遇见杨老师是通过姑妈的引领，从此选定杨老师并决定跟随一生。

  我的四姑妈是一位卓越的女企业家，同时她也是全国妇女十二大代表、全国巾帼建功标兵、内蒙古自治区人大代表、杭锦后旗妇联兼职副主席、内蒙古自治区女大学生创业导师、幸福家庭协会会长……她获得的荣誉以及社会身份数不胜数。她告诉我："杨文利最打动我的是她的自信、她的笃定、她由内而外散发的女性魅力以及她'永远不染发'的内在能量。作为女性我们需要文化自信，我们要引领家族复兴。"我的三姑妈是一位老会计、POP海报导师。她说："我身上缺乏的正是杨文利身上的那种'知人间疾苦，历人间疾苦，却依然不卑不亢的乐观精神'。当学习成为一种习惯，智慧将油然而生。"我的母亲是一位国企职工，也是一位经营企业的老板。母亲说："杨文利的判断力是异于常人的，我每年花几十万学习，看过的老师无数，杨老师是我最欣赏的老师，你的选择是正确的。"

直播间的故事

我之前也有梦想，一个不敢实现的梦想——当一名老师。我羡慕那些讲台上熠熠生辉的老师，崇拜他们的学习能力和知识储备。自从跟随杨老师以后，我的梦想不再是"梦想"，而是一个有温度的、可视化的目标。通过我对老师的跟随与自身的努力，现在，我也站上了讲台，这是我人生中一次重大的选择与突破。由此我的价值感突飞猛进，自我认同感飞速提升，我也越来越自信，迷恋上了由掌控感和担当力带给我卓越成就的感觉。

我想说的感激之言有很多，希望可以通过文字让每一位读者感受到我指尖的温度以及内心的火热。学习绝不是一件枯燥的事情，并且学习会上瘾。你没有体会到学习的快乐，正是因为你没有一位优秀导师的引领。杨老师可以帮你把各类难以理解的学术知识以接地气的讲法"栽种"到你的海马体当中，并且带领你运用到生活中去。

初为讲师，我有很多东西需要向杨老师讨教，她从来没有拒绝过我，每一次都是悉心的为我讲解，给了我非常多的点拨。她从来没有偶像包袱，所以大家也亲切地把她当作娘家人。

从普通到优秀，从优秀到卓越，每个人都配得上自己所期待的人生，每个人也可以通过主观的创造、客观的改变来收获你想达成的目标——这就是《逆商课》传达给我的信息和能量，并且带领我走上了我所希冀的人生道路。

——王思瑶，陕西西安，自媒体人

我是一名婚龄 25 年，为人母 24 年，职场 30 年的科研工作者。一路打拼，一路艰辛，一路跌跌撞撞，39 岁中度抑郁，48 岁才终得平静。看似平静如水的生活，实则还有许多的暗流涌动，那个时候我内心曾有一份渴望，但是不清晰。

去年无意中刷到了杨老师的短视频，好舒服的容颜，好犀利的语言，好接地气。当晚刷视频刷到了深夜两点，我不停地看，第二天又预约来到了直播间，越听越明白，我渴望改变，渴望成长。学习杨老师课程之后，我真的发生了太大太多的变化，不是三言两语就能说完的，最深刻的应该就是"认知"——认知变了，一切都变了；认知有了，动力就足了。

因为从小生长在油田，我为祖国献石油就是我的终生梦想。我是中专毕业，作为优秀毕业生来到了一家科研单位，从小强烈的自尊心驱使我要扎下根就要拼，几乎80%的时间都献给了单位，每天都是深夜十一二点才回家，没有周末，没有节假日，这样苦苦鏖战了8年。工作上虽小有成绩，获得了许多称号和奖项，但把自己弄的是一身病痛，身体严重透支，顾不上父母，顾不上孩子，顾不上老公。面对家人，我把爱化作无私的、全部的付出，以为那就是爱，其实是不会爱，爱得过度忽略了自我，到了最后，一切都让我精疲力尽。我终于病倒了，患上了中度抑郁症。然后，长达2年半的药物治疗、心理调整后，我又换了一个单位，换了一个环境，终于在48岁那一年，一切都慢慢归于平静了。

学习杨老师课程之后才发现，我错的不是一点半点。作为女性，我却不懂家庭是需要经营，职场是需要管理的；不知道建设好家庭才是生活的基础，不知道夫妻关系是家庭关系中的第一位关系，不知道边界感，不知道收放，不知道我那圣母般的心态是套给老公套给孩子沉沉的精神枷锁。我总说"我说你，那还不都是为你好""你怎么总是这样！你应该那样！"我犯了好多错，是因为认知不对，努力白费。还好，人到中年遇到了杨老师。杨老师的课系统化结构化，有理论有方法，她还每天在直播间不断连麦、督促，通过一个个真实的案例，让我们听别人的故事，悟自己的人生。半年过去，我觉得自己真的变了，学习了就会不断壮大自己，不断向下扎根，实践了就会不断收获，不断向上生长！

现在的我，愿意学习，愿意实践，幸福指数大大提高，每天都充满了阳光，充满了动力，能量满满！真的好神奇，按照老师说的，我反查自己，反观自己，结合具体方法（比如"事实+感受+希望"的沟通方法，不是直接上来建议你怎么做），不断输出，不断实践，一切都变好了，格局也打开了，一切都是欣欣然的。未来的我愿意像杨老师那样，通过女性成长课程，通过女性成长直播间，让更多人受益，影响那些可能发生悲剧的人生轨迹，让荒芜的脑袋萌芽，让每一位女性拥有人世间的一切美好！

——西西，中国石化高级工程师，49岁

世界上最大的监狱，是人的思维！我们总是习惯活在自己的思维框架里面，总是用固化的逻辑进行思考。世界上最大的牢笼，是人的认知！我们总把自己的认知边界当成世界的边界，于是导致我们所到之处皆是围墙，导致我们总把自己囚禁起来，目光短浅，坐井观天！世界上最大的设限，是自我设限！真正限制我们成长和进步的，不是找不到答案，而是满脑子标准答案；不是"我不知道"，而是"我知道"。发现自己的无知，需要相当程度的认知。人生最大的幸运，是遇到一个人能彻底打开我们的认知局限，以全新开放的眼光审视自己和世界，这样很多问题就豁然开朗了，就像拨开乌云见天日，让你刹那间看透万物真谛和人生真相！

感恩遇到了亲爱的杨文利老师，一切都刚刚好！她是我的榜样，是我的良师益友，更是我精神补给，赋予能量的"娘家人"。她告诉我一个幸福的女人，要有活出本自具足的心态，和实现人生价值的能力，要学会经营婚姻生活，学会控制情绪，学会在逆境中拥有磐石般坚毅的性格，拥有良好的理财观念，要学会经营亲子关系，才会拥有美好的明天。她一步步指引我，一次次给我带来了曙光和希望，让我找到了生活目标和方向！未来的事情还有很多，但是有一件事情是我坚定不移要去做的，那就是追随杨老师，终身学习和成长，只为遇见更好的自己！

——勇敢自由的Z小姐，云南昆明，特殊儿童康复治疗师我每天都在直播间里跟随杨老师学习，通过系统课程的学习，我全方位的提升了认知。我领悟到，不管是职场妈妈还是全职妈妈，我们都首先是自己，然后才是妈妈。每个妈妈也曾经年轻过，有过自己的理想，但却因为母亲的身份和社会的价值导向，要求女性在婚后承担更多的家庭责任、养育孩子、照顾长辈、应对各种家庭关系的矛盾与冲突，从此就有了忙不完的家务、放不下的担子、育儿烦恼、二次就业、年龄危机、情感困顿等问题。在多重压力下，无数女性渐渐丢失了自我，生活窘迫、内心孤独无助。如何平衡工作与家庭，一直是女性职场无解的话题。怎么办？老师说"谁痛苦谁改变"，女性只有通过学习，打破自身困境，找回自我，做个智慧的女人，活出幸福的自己，才能走向更辽阔的人生！正如杨老师所说，把女性培养好就解决了80%的社会问题，每个家庭都幸福了，社会就和谐了，世界也就更加美好了。感恩杨老师的启迪！您是我生命觉醒的导师！您激活了我曾经的理想，引领我走向更高维度的自我实现，助人自助，活出圆满的人生！

——黄双，香港，家庭主妇，48岁，持有心理咨询师证和催眠师证

我35岁时遇见杨老师，从此开启了我终身成长的思维模式。在我面对挫折困惑，焦虑、迷茫，没有方向的时候，听见她说"焦虑就去行动，迷茫你就读书"，我在阅读中感到沉静，在行动中化解焦虑。在我曾面对抉择，煎熬两难时，听见她说"你就先做那个你现在不做将来一定后悔的事"，我豁然开朗，义无反顾，在工作和孩子的陪伴上做了选择，直到现在依然为此庆幸不已。我曾在婚姻里抱怨自责，质疑自己不知怎样自处时，听见她说，"根源是你，做你自己，而你值得这世界上所有的美好"，我开始内求反思，看见自己，找回自己，重建自我认知，走出了童年创伤。在我开始想做一件事情，想成为想成为的样子，却焦虑时间和年龄时，听见她说"想

要开始任何时候都不晚",这句话带给我力量,现在我在追梦的日子里,每天充实,内心坚信笃定。杨导开启了我终身成长的思维,是我人生的导师,成长的导师。

——张俊,安徽

学习杨老师的课,真正使我认识到,一切问题的根源都在于我自己。之前的我,无知、懦弱、无底线、没有边界感,操劳过度又不会正确的表达自己的需求,把怨气积压在心底成疾,常有抱怨,还有很多负面情绪,有时也会把怨气撒在孩子身上,每天麻木地活着……跟随杨老师学习后,我才知道真正需要被爱的人正是我自己!跟随老师学习,我的天空豁然明朗,打心眼里阳光起来。我深刻体会到"书中自有颜如玉"的深刻内涵,也知道学习是要用一生来践行的事。我有了目标,也有了动力,每天每时每刻都很充实。自己改变了,身边的人也都变得幸福了!女儿说:"妈妈,您跟杨老师学习,咱们家也有了家族传承!"感恩直播时代,感恩遇见老师!

——吴采夏

以前我也跟着其他老师学习过一些知识,但总觉得差点儿火候。突然有一天,我刷到了杨文利的直播间,一下子就被她讲课的形式和内容吸引了——这不就是我要找的人吗?我一口气刷完了她所有的视频,然后果断关注了她。跟随导师到现在,我受益太多,我的边界感更清晰了,生活更快乐了!

——武汉阳光

茫茫人海,能遇上文利导师,是我三生有幸。遇见杨导之前,我仿佛掉进了一个深不见底的黑洞,总也找不到出路,充满焦虑、痛苦、迷茫。

粉丝真诚感言

杨导的课，就像一束光照进了我的内心，让我在黑暗中找到了方向，引导我一步一步地从黑暗中走出来，令我欣喜若狂。老师的课程不断给我赋能，让我的内心变得越来越强大，我感觉自己真是粉身碎骨后的脱胎换骨，重获新生。

——静心

我第一次进入杨文利老师直播间时，才听了不到20分钟，就立即拍下了老师的课。自从学了杨老师的课，我开始改变了，敢于表达，也自信了，尤其是逆商也得到了提高。我现在可以勇敢去做自己喜欢的事，遇到任何打击我也不怕了。感恩老师，感恩遇见。跟对人赢一生，我会继续跟着老师学习的。

——小蒙

我曾经有一段时间，对生活、对爱失去了信心和热情，茫然无助。结识杨老师后，我发生了肉眼可见的变化：（1）现在我每天6点半起床，8点半我已经送完孩子，做好午饭，洗好衣服，还能留出整整一个小时的学习时间。目前我正备考CATTI（全国翻译资格证书）。（2）以前因为老公出轨，我闹过3次离婚，当时家里鸡飞狗跳，没有一天舒心的日子，我把气都撒在了孩子身上。经过学习，我发现我对婚姻的认知太片面。虽然丈夫有错，但我更加清醒地知道要审视自己，不要旧事重提。一路坚持下来，现在老公已真心悔过，并且用行动来爱我、爱家人，每天都会跟我说知心话！在这里真心感谢杨老师！

——瑞雪，西安

跟杨老师学习后，我的生活发生了很大改变：（1）夫妻关系明显改善。老师讲过的御夫术全用上了，特别管用。现在老公爱我爱得要死。（2）提高了财商。我现在除了上班,还自己做副业创收,收入增加了,人就更开心。(3)和孩子们的关系更好。现在孩子们都愿意来我家玩。(4)每天早上边跑步边听杨老师的课,身体越来越好,精气神也足。(5)得到公司领导的赏识和同事们的喜爱。每天都跟着老师学新知识,情商高了,更会说话了。(6)逆商变高,做事都能坚持到底。还有很多很多好处,说都说不完。我非常感谢杨老师,让我彻底改变了。

——安老师,俄语翻译官

人生是需要有导航仪的,感恩在我刚刚退休、婚姻亮起红灯、前途迷茫时结识了杨老师。尽管我做了一辈子会计,还是会计培训老师,但财商真是不行。杨老师的课让我成了一个招人待见,越挫越勇的人,还挽救了我的婚姻。退休了,我的人生才刚刚开始,我愿追随杨导,致力于女性成长事业,帮助天下女性幸福美满。

——艾枚

我在结缘杨导师之前,生活一地鸡毛,乌烟瘴气,冲突不断,浑浑噩噩,整天沉迷于追剧、刷视频、购物等。杨老师的课给了我第二次生命,身边邻居朋友都说,我跟换了个人似的。现在的我情绪稳定,有勇气和自信,懂得感恩,敢于表达并展现自己的能力并尝试突破自己。当我第一次站在讲台发言,我明白了,有机会抓住机会,没有机会创造机会;有目标+努力坚持=获得快乐幸福。

——艺灵

以前我心中只有老公和孩子,没有自己。学习了老师的婚姻课后,我知道了高质量的婚姻不在于一方的迁就和忍耐,而是需要双方彼此关怀,共同成长。现在，每天早上我听课，老公也起来看书运动，还会给我做"爱心营养早餐"。我们有更多自己的空间。业余时间，我学了瑜伽和葫芦丝，参加公益活动；他学习八段锦，看名人传记，做创意小发明。有时，我们还会一起去运动旅游。夫妻间少了抱怨，多了理解；少了猜疑，多了信任；少了家长里短，多了沟通讨论。儿子说我们现在生活更充实和谐了。

——晓慧，55岁，退休

跟杨老师学习后，我从个人到家庭，到店铺管理，都有了新的改变：（1）学会做时间的精算师，填埋一切时间黑洞。（2）不再对老公贴负面标签，不再唠叨，老公也变得勤快了，脾气也小了。爱情是双向奔赴的。（3）学会对孩子放手，孩子的人生路让他们自己去走，不再为他们而焦虑，我们娘三个的亲子关系也越来越和谐。（4）每天早上一边跑步一边听课，录音，回来再整理笔记，收获健康和知识。（5）提升与人沟通的水平，在店里对员工进行人性化管理，让他们每天开心积极努力地工作。（6）任何不尽人意的事都能坦然面对，迎难而上。感恩人生中遇到了杨老师，她像一束光照亮了我，余生我会紧跟杨导的步伐，活出有意义的人生。

——美之然，河北保定，中医理疗师

我在人生最焦虑、最无助的时候，刷到了杨老师的短视频，从此我醍醐灌顶，并果断关注、拍下老师所有的课程，只要有时间就蹲直播间，听别人的故事，提升自己的认知。听了杨老师讲的原生家庭，我了解到父母的不容易。我学会了跟我的原生家庭和解，学会了控制情绪，亲子关系也有很大的变化。我还学会了爱自己、爱孩子。但是，偶尔还会有控制不住的时候，所以我还得修炼。加油，感恩。

——兰涵

直播间的故事

我今年40岁,是两个孩子的母亲。在遇到杨老师之前,我总是莫名的恐惧、焦虑、紧张、愤怒、说话咄咄逼人,夫妻关系冷漠、亲子关系紧张。后来我看到了杨老师的视频,我第一眼看见她,短头发、很干练、说话很接地气,我好喜欢。进了杨导的直播间,看着看着,我便一发不可收拾。杨老师每天直播的内容都不重样,简直就是一个社会大学。杨老师的线上课更是精彩绝伦,让我禁不住反复聆听。是杨导让我这个不食人间烟火的女人通了地气,是杨导让我卸下了重重的盔甲,是杨导让我不留遗憾的重新活一回。我现在抽出更多时间来学习和成长,瑜伽和钢琴也成了我每天生活中的调味品,让我温柔而有力量,这种感觉真好。感恩杨导的点化!

——芯绫

去年刷到老师短视频正是我迷茫的时候:工作繁重、老公生病、女儿左眼做了先天性白内障手术,后期将一直治疗到成年。家里的压力全在我身上了。我不断抱怨,哭了好多回,以为自己要倒下。很幸运刷到杨老师,因为女儿视力差,以后读书困难,我学好了可以力所能及地教她,做她的老师。我坚持学习,不认命,我相信人的潜力是无限的。我希望我更加坚强乐观,用自己的正能量感染更多人。

——邓丽华,湖北仙桃,35岁

自从刷到杨老师,我就被她渊博的学识和人格魅力深深吸引。现在我每天5点起床,简单洗漱,开始拟出一份今日计划,然后开始一天的读书打卡,六点钟准时坐在桌前,认真听老师讲课,看老师连麦,帮助迷茫的女性答疑解惑,如食人间盛宴!上下班路上一直听老师的付费课程,上班期间一有空闲就拿出手机看优秀姐妹的分享。晚上锻炼完身体,我就开始写心得体会,学着分享。我每天都精力充沛,不知疲倦,和一群优秀的姐妹,一路狂奔,追随大爱的杨导。跟着杨导学习，不断地刷新着我的认知，让我重新找到了生活的目标和方向——我要通过学习改变自己，影响他人！虽然我已经50多岁了，但杨导说了，人生从来没有太晚的开始。我会将压力变动力，践行所学！

——刘萍，退休，53岁

　　杨导早上的直播我几乎没断过。听老师和粉丝连麦时，我常常为老师的一语重地直达要害而拍案叫绝。学习老师的课程以来，我的收获很多：（1）太极拳法。我过去是一个遇事死较真，特别不圆滑的人，常常跟孩子为一点事争吵不休。现在太极拳法被我用淋漓尽致，孩子说"你真唠叨"，我会回答"是的啊"，不去辨别，不去争论，同频孩子，这样的孩子也就不急不吵了。等她不急了，再慢慢说事儿，亲子关系就越来越好了。（2）清楚说出自己的想法和要求。过去我有什么想法和要求，总是憋在心里，然而对方不知道，也不会为你去做，所以闷在心里就不开心。现在我知道有话要好好说，要情绪平和稳定地把自己的想法和要求说出来，对方知道怎么做了，关系也就和谐了。（3）脸皮厚，会撒娇。杨导分享过她跟老公吵架，吵完她就往前凑，去搭讪。老公说："你走开。"杨导就说："好，我走。"老公坐在沙发上，她就沙发上一躺，头枕着老公的腿，然后老公气就消了，关系就好了。这招太绝了！我以前生气就会硬邦邦的，杠子头似的，，现在也学会了脸皮厚，耍耍赖，撒撒娇，事也就过去了。（4）懂了太多的原生家庭的伤害，以及心里底层的诉求。有朋友说起她老公的状况，我马上就看到了他的原生家庭模式——她老公从小在家不被父母重视，因为他的哥哥太优秀了，结果他婚后就特别想得到老婆的关注和重视。所以我现在遇到事就会去考虑对方的心里底层诉求，知道原因，关系也就能处理好。

——崔娜，山东烟台，现定居日本

通过学习，我开始运动，调整情绪，身体越来越好了（省了不少钱），越来越不焦虑、不抱怨了，不乱发脾气了，跟老公和妈妈的关系越来越好了。我不再嫌弃妈妈带不好孩子，反而理解了她的不容易。现在的我越来越自信，越来越清楚自己的人生目标。希望更多和我一样经历过苦难的人一起来学习杨老师的课程。

——李支，34岁，金融销售顾问

通过学习杨老师的课程，我知道了如何与人沟通，也在教育孩子。6岁儿子给到的反馈："现在的妈妈再也不对我发脾气了。"老公给到的反馈："不再情绪化，遇事会变通，会有别于以往，学会了理性思考事情。"在工作上，我的效率提高了，还能抓紧时间学习自己感兴趣行业的相关技能，变得越来越充实。活了30多年，遇到杨导才真真切切地打开了我学习的大门，有了对知识的渴望。

——张玉闪，34岁，资深设计师

我在对生活感到迷茫无望时刷到了杨文利老师，从此彻底刷新了我的三观。杨老师教会了我向内看，觉察、反思，让我如梦初醒。现在我生活得很阳光，感恩杨导！

——陶相淇

学习了杨老师的课程后，我收获满满，身边人也发现我变化很大。10岁的女儿说："妈妈学会理性消费，不再买买买了；妈妈更有耐心了，不乱发脾气了；妈妈更爱笑了，所以更漂亮了；妈妈每天学习很努力，很自律，有时晚上视频打卡会录到很晚，录到满意为止；妈妈不再抱怨工作了；妈妈学习到了更多知识，可以帮助身边亲友答疑解惑。"老公说："媳妇变理性了，不再情绪化了；亲密关系更好了，每天有拥抱和亲吻的仪式感；姻亲关系更好了，大家庭更和睦了。"杨导疗愈且点醒了我，帮我走出迷茫、走出焦虑，找到人生方向，我相信我会走向成功。我愿意终生追随杨老师！

——仲丹

多年来我总是患得患失、自卑、有种不配得感，缺乏安全感。在婚姻里，跟老公的相处时，我会"低到尘埃里"。自从用了杨老师教授的学习方法，效果真的太好了，我学会了不去改变对方，而是要影响对方。现在我的不配得感没有了，也不再患得患失了，虽然生活中还是会出现各种问题，但我都能很好地面对，内心平和。感恩杨文利老师！

——阿青

在杨老师不断的分享下，在我学习的过程中，我有了很大的改变，孩子在各方面也有了很大的提高。我还来到孩子的校园，代表学习进步的孩子的家长发了言。感谢和庆幸遇见杨老师，使我这个普普通通的妈妈从中受益，让我和孩子一起成长进步。

——张国萍

在杨老师的课程之前我觉得自己过得很不开心。直到遇见杨老师，我发现自己之前所有的所谓的方法都是向外求，而我的问题是内在的，也就是我的人生卡点其实来源于我的原生家庭。我意识到并且开始调整，将课程里面的方法运用到自己的生活中，包括跟公婆，跟老公，跟孩子，跟领导同事相处。慢慢地，我发现自己各方面的关系都融洽了，我也开心起来了。我现在的生活很愉悦，感恩杨导。

——鱼跃

直播间的故事

曾经的我痛苦、恐惧、焦虑、迷茫、自卑、恋爱脑，不会经营婚姻，家庭冲突不断，女儿叛逆，在婚姻中失去了自我。通过学习杨老师的课程，每天在老师直播间浸泡，我意识到自己的很多问题，改变了自己的错误认知，重新找回了自我。老师说："夫妻关系大于姻亲关系。谁痛苦，谁改变。"老师的话太有用了！因为我的改变，老公也渐渐改变，他主动分担家务，对我体贴入微；女儿也更懂事了。现在我的家庭和睦，受益匪浅。是杨导拯救了我的家庭，把我从恐惧的泥潭救了出来。我余生将继续追随导师，成为女性终生成长者，帮助更多的家庭变得更加和谐！

——受益者，61 岁，退休

杨文利老师的课程潜移默化地改变了我的生活。以前在学习上，我总是浅尝辄止，看着在学，其实不深入。现在我会认真记笔记，分析底层逻辑。遇到机会和挑战也不再后退蜷缩，而是敢于争取；遇到事情也敢于请人帮忙。我会努力过好每一天，终有一天，量变会带来质变。期待更多姐妹和我一样，可以慢慢改变，破茧成蝶。

——邓夏茹，山西临汾，中国平安保险销售

通过在杨老师的直播间里学习，我收益良多：（1）改善了家庭关系。家是讲情不是讲理的地方，我按照课里的方法，有事直接谈感受，让老公知道我的需求。现在他主动做家务，越来越关心体贴我。（2）改善了亲子关系。通过学习我明白了做家长要有边界感，不能瞎指挥，要学会共情孩子。（3）在工作中勇敢尝试，一次次突破自己，将方法落地在实际行动上。现在我每个月都有额外收入。非常感谢遇到杨老师，让我不断提升自己，破认知，辨是非，有边界感，真正明白了努力学习就是为了以后放眼望去，全是自己喜欢的人和事！心态好了，一切都好了！感

粉丝真诚感言

恩遇见杨文利老师。

——明月

我今年53岁，婚龄27年。刷到老师直播课时，我的婚姻正处在冷战近2年的状态。学了老师的课后，我学会了先反思自己，让自己成长。通过学习了课中很多实用的方法，让我有了底气。我先打破了夫妻冷战的僵局，用爱的方法慢慢去化解一个个小矛盾。现在，我的婚姻在朝着幸福的方向发展着！我还希望帮助26岁的女儿，做一个有精神养分的妈妈！

——海容，事业单位，高级会计师

我在茫茫人海，与杨老师偶遇，您越看越亲切，在哪里见过呢？怎么那么熟悉？我把婚姻课中的方法用在老公身上，经过学习反思和改变，现在的我已经可以和老公愉快相处，婚姻生活也有了很多乐趣，我们都非常感谢遇见杨导，您是我一生都要坚定追随的女神！

——珍幸运，护士

我是一名90后的全职妈妈。感恩遇见杨老师，让我不再孤单；在我失去母亲、带小孩抑郁期间每天给我正能量。我已经在杨老师的课程中找到了人生问题的答案。未来我将活到老，学到老！

——陈丹丹

之前我有很多错误的认知，通过学习杨老师的课，我在婚姻关系、姻亲关系、亲子关系上都有了很大的改善。我会坚持成长，不会停步。

——闫艳，黑龙江大庆市

直播间的故事

偶然刷到杨老师的直播间，我被老师的睿智严谨、真诚正直、坦率负责、娘家人式的连麦风格所打动，于是马上关注，拍了课程。跟杨老师学久了，我也养成了在细节中找本质的习惯，比如杨老师常提醒我们用ABC理论来照见并管控情绪，百试不爽；用老师的口头禅"怕什么就面对什么"来应对焦虑。"谁痛苦谁改变，谁有能力谁改变，谁改变谁受益""看到别人不舒服的地方，其实是因为自己也存在这样的问题""人只能被影响而不能被改变"等让人警醒的话语，我都从践行中受益。现在的我每天都能看到自己的点滴进步，活在轻松的"窃喜"中。希望自己能学好学通学透，也希望更多女性朋友来学习，影响身边的人并帮助到有需要的朋友们。

——卜港成，天津

杨老师的课程让我有种相见恨晚的感觉。我所经历的苦难都在成就我，我愿意跟随杨老师学习成长，能帮助别人才是人生最大的价值！

——刘娟

通过学习杨老师的课程，我的夫妻关系、原生家庭关系、婆媳关系、亲子关系都变美好了，也重新找回了自我。我父亲现在也和我一起听课，我感觉好幸福啊！我会把这种幸福带给身边的人，向杨老师看齐。

——清水无香

学习了杨老师的课程，我的情绪平稳了很多，不再精神内耗，抗打击能力也强了，遇到问题也会换位思考了，亲密关系也好了很多，老公也能顾及我的感受了。感谢杨导，感恩遇见你们。

——双双

粉丝真诚感言

没有遇见杨老师之前，我和老公经常冲突不断、意见不合，有时我会生好几天闷气。听了老师的课，我的情绪平稳了，老公怎么说都不会影响到我，现在他也改变了很多。十分感恩遇见杨老师。

——在成长中

我今年48岁。由于从小被忽视，造成了我自卑，孤僻，抑郁的性格。在婚姻中，老公非常强势，而我的自尊感极低。多年来我默默吞下各种委屈，内心一遍遍想要离婚。离不了，又过不好。正在我彷徨的时候，无意中刷到了杨老师。杨老师的每一句话都直击我的内心，我如饥似渴地吸收着老师每天给予的养分。在杨老师这里，我得到了所有的答案。一切的根源在于自己，只有改变自己，所有的问题才都将迎刃而解。通过学习，我更新了自己的婚姻观。杨老师让我知道了怎么去跟老公相处。老公也非常支持我跟老师学习。现在的我，生活得非常幸福，也不再抑郁。真的非常感谢博学多才、聪明睿智的杨老师，她就像一个标杆，引领着我们奔向幸福美好的生活！

——枝子，湖北恩施

自从无意间刷到了杨导，我瞬间觉得这正是我需要的正能量，从此一头扎进去，再也无法自拔。跟着人间清醒的杨导学习，问题都迎刃而解，每天都有成长。

——王芳

我年过半百，从小生活在父母争吵的家庭中。为了证明我是所谓的好孩子，得到父母的肯定和表扬，我努力学习，事事求完美，生怕父母不高兴。结婚后，我们夫妻常年分居，导致我特别敏感，常常抱怨指责老公。跟杨老师学习后，我认识到自己错得太多了！感谢杨导让我迭代了认知，我现在自信多了，老公也说我笑容多了。今后的日子里，我会进一步践行，做好自己！感恩遇见！

——平湖秋月（杨）

我一直感到家庭氛围沉闷压抑，和家人缺少沟通。学习了杨老师的课，观看了每天的直播后，听到杨导讲到"除了你自己，没人能影响到你"，我醒悟了。我不断学习，改变自己的认知，现在家庭氛围越来越好，老公和女儿都支持我跟老师学习。感恩遇见老师。

——微

我就是杨老师口中常说的"离不了，也过不好"的人。杨老师的课我都看了，就像雾霾天里有一阵风吹来，雾霾顿时烟消云散。通过学习杨老师的课，跟杨老师的脚步，我做到了不焦虑，保持情绪稳定。现在，我改变了很多，孩子爸爸也改变了很多，青春期的女儿也能够和我正常交流，儿子的学习也有进步。感恩老师，感恩有你们。

——禹宏，河北石家庄

我从去年开始系统学习了杨老师的课。通过实践老师教授的意义疗法，我发现自己的视角改变了，学会了换位思考。现在，我感觉工作很有意义，那么多同事和客户需要我，我要更加努力。情商课让我学会了接纳情绪，管理自己的情绪。我能认真聆听别人说话了，听到不同的意见，不会立即反对，而是保持接纳，再思考反馈。婚姻课让我知道自己竟然有40多个错误的婚姻观。我现在会用心感受并感谢老公为我做的每一件事，倾听他、用心夸赞、真诚鼓励他，表达爱。老公说感觉他自己越来越年轻，我也感觉内心充满爱的力量，体验到了真正幸福的婚姻。现在的我内心笃定，心怀爱，清醒活。未来我会持续学习，影响更多人共修。

——廖锦秀，41 岁，上海

82 年的我有两个孩子，是一个全职妈妈。去年无意间刷到杨老师，突然感到被老师点醒了：原来我还可以有另外一种活法，工作和生活是可以平衡的。于是我每天都跟着老师的直播和课程学习。之前我在生活中特别懒散，现在不用闹钟 5 点多钟就能起床。我愿跟随老师终身学习成长，去影响更多人。

——薛艳

以前，我一直生活在迷雾之中。自从认识杨老师后，我的生活越来越清晰，我从混沌中走了出来。就如老师所说，我们要保持人间清醒，活出自己。像杨老师这样每天在直播间讲一个主题，近一年了都不重样的，在整个平台也难得遇到几位。杨老师有庞大的知识量和内容体系，她毫无保留的分享真的太有大爱了。感恩老师的大爱，拯救了很多茫然无措的姐妹，让大家在一地鸡毛的生活中摆脱了困局。也感恩老师的课程，特别实用有效。喜欢老师说过的一句话：没有人是生而知之，都是学而知之的。我也要在学习的路上，知行合一，跟随老师，终身学习成长。

——木冉

通过学习杨老师的课程，还有每天在老师直播间的浸泡，我意识到了自己的很多问题，改变了自己的错误认知，重新找回了自我。老师说："夫妻关系大于姻亲关系。谁痛苦，谁改变。"因为我的改变，渐渐地老公也变了，现在我的家庭非常和睦。杨导拯救了我的家庭，把我从恐惧的泥潭救了出来，给予了我第二次生命，感恩不尽，您是一束光，照亮了我前行的路。给了我方向！感谢杨导！

——醒悟，自由职业，40岁

我不知不觉跟着杨老师学习半年多了。杨老师嗜书如命，博览群书，简直就是一个智慧库。她开发的课程中的方法切实可行，改变了我的思维、我的观念、我的行为。以前的我消极悲观，现在的我积极乐观。杨老师的好多金句疗愈着我，激励着我，也滋养着我。如"人生是一场通关游戏，关关都得过，怕什么就面对什么""人的智商是可以通过后天的努力弥补的""没有人欠你的，但你欠生活一份努力""爱掺杂了太多的伤害就不是爱了"……现在，我的情绪稳定了，日子过好了。我的生活就是最好的见证。

——山西大同小学教师，52岁

我以前特别焦虑，爱发脾气，爱抱怨老公，感觉生活处处不顺心。学了杨老师的课后，我的脾气平和了好多，不再事事跟自己较劲；遇到逆境的时候也会静下心来分析，限制它的影响度，提高自己的掌控感。有一颗笃定的心。而且，我也不再给老公贴"不上进"的标签，而是努力成长自己，慢慢影响他，现在我们的关系和谐幸福。感恩宝藏级的杨老师。

——芝芝，飞机清洁员

我在人生的最低谷遇到了幽默智慧的杨老师。她对情商逆商通俗易懂的诠释，对婚姻一针见血地剖析，还有对财商的实用解读使我折服。我以前拎不清生活中关系的顺序，总认为孩子第一位，父母第二位，老公第三位，我自己最靠后，并且甘愿为照顾家庭放弃了中学英语老师的工作。听了老师的课，我才知道在所有关系中，自己和自己的关系才是首位的。我诚实地看

粉丝真诚感言

见了自己的内在感受和诉求,学会了用 FAI 法则向他人稳定地陈述事实,表达自己的感受,传达自己的期望,而不是一味用情绪表达,对事不对人。老师的智慧像大海,永远都能让直播间的姐妹获得认知的提高。

——终身金粉,慧心,山东

通过学习杨老师的课,我提升了认知。情商课让我学会了情绪自知、情绪自控、情绪洞察、情绪利用,提升了我管理情绪和与人沟通的能力。之前面对婆婆的唠叨,我会生气,认为她是故意挑刺。学习杨老师的课后我意识到她也是出于一份母爱,只是表达方式不同而已。逆商课让我学会了克服恐惧,越挫越勇。目标如山,方法如水。婚姻课让我意识到,因为自己的错误认知,亲密关系才那么紧张。我学会了化解冲突的技巧,遇到问题,明确表达,尊重对方的意见。现在我和老公不再吵架冷战,遇到问题都会一起讨论解决问题的方案。拥有了清醒的认知,才能明明白白地过日子。感恩生命中遇到杨老师,您像盛夏中清凉的风,像寒冬里炉中的炭火。成为杨导的铁粉,活出一段精彩人生!

——甄叶,河北辛集

在我面对婚姻冷战、孩子叛逆逃学时,痛苦焦虑导致我右鬓角都白了。这时,我刷到杨老师的视频,便被她的智慧、格局吸所引,于是马上跟着她学习起来。杨老师的课科学易行,好学有效!现在我婚姻幸福、孩子优秀。感恩杨导。

——小小,河北邯郸

跟随杨导学习以来,我刷新了认知,各方面都在向好发展。现在的我情绪稳定、内驱力提升。通过学习,我和同事的关系更和谐了,工作效率提高了，也不再敏感内耗，变得更开朗了。学习婚姻课后，我分析了自己一直没有找到合适对象的原因。我发现最主要的还是我在婚姻观上的问题，错误认知太多，在感情里面没有清晰的边界感，期待和现实差距太大。随着认知上的提长，我目前已找到了自己的白马王子，婚期已定在23年10月份。我的人生新方向，就是跟随杨导学习，向下扎根，将来助力更多女性成长，拥有幸福的人生。

——张丽丽，35 岁，青岛，通信行业

  我非常感恩遇见了杨文利导师，杨导帮我缓解了亲子关系，重建了和儿子的交流通道。我的儿子95年出生，在美国留学后回国工作。我们一家人团聚本应是件非常开心的事，但是他回国才调整了一周，就提出来要自己一个人生活，我没同意。那时我的态度很强势，也很郁闷，因他在美国留学了6年，读研毕业后美国还工作了2年，已经习惯一个人独立生活，不想让我们干涉他。很幸运，我通过杨导连麦，请教她怎么和儿子相处及沟通。当时杨导建议我一定要牢记相信的力量，学会放手，儿子已长大了，他需要被尊重，他有能力应对自己的生活和工作。听了杨导的建议，现在我们和儿子和睦相处，他每周都会抽空回家陪我们吃饭，每逢节假日还会给每位长辈送一份祝福和小礼品，大家都感到很温暖。学习的力量是无穷无尽的，可以让我们少走好多弯路。幸亏结识杨导，真好。

——神采奕奕

  感恩遇见杨导。去年9月我正准备离婚，是杨导的一句话点醒了我——不会游泳的人换个游泳池也没有用。现在这段婚姻经营不好，离婚再婚后还会遇到其他问题。以前和老公吵架，我能生气好几天，想的都是不好的事情，还会把怨气撒在孩子身上。上了杨导的课之后，我每天跟随杨导学习，有目标，有了新的认知，不再抱怨任何人，只是找自己的不足。现在，

粉丝真诚感言

我的内心充满阳光!

——王贝贝,33岁全职宝妈,河南驻马店

通过学习,我发现了自己的无知,我常抱有受害者心态、患有心灵癌症这些问题。我控制欲强、情绪化、容易生气、爱发脾气、摔东西、霸道;我经常用各种难听的言语攻击老公,打击孩子们,对身边人造成了深深的伤害。学习后我才知道,我就是那个经常对家人实施言语暴力的可恶的人。我痛醒了。杨老师说要好好说话,要什么说什么,可以表达愤怒,但不要愤怒地表达,因为愤怒会失去理智,一切向内求。学习会上瘾,爱上学习,智慧才会油然而生。如今的我看孩子们哪哪都好,每天看到的都是孩子们跟老公身上的优点,也收获了和谐的婚姻关系、亲子关系。当你对了,一切就都对了,感恩遇见导师!我要用知识武装自己的大脑,积攒丰厚的精神财富,让自己成为发光体,照亮自己和他人。

——谷粒,38岁,浙江绍兴,

我幸运地遇到了杨老师。杨老师教会了我如何做人,做自己,要学会拒绝,要学会说不,要有清晰的边界感,谁难受谁改变。所以,我努力学习,来刷新我的认知,冲洗掉之前的无知和愚蠢。我现在懂得了保持边界感,内心明朗,心情愉悦。所有的经历都是生命的馈赠,感恩一切!我的蜕变时刻来了,我要紧跟老师的步伐,不离不弃,勇往直前,我值得自己期待。学会爱自己,才能爱别人。加油,我亲爱的自己!

——平安喜乐

我是典型的"窝里横",以前我总是和老公吵闹,埋怨他付出的少,埋怨他不关心我。加上孩子早恋叛逆,父亲母亲先后生病直至离世……生活中的挑战一重重一桩桩，导致我 39 岁那年得了中度抑郁症。如果早遇到杨老师该有多好。好在命运眷顾，儿子考上研究生了，孩子他爸也始终不离不弃。杨老师说过，"没有太晚的开始，做就比不做强"，按照老师说的方法，我用心实践。刚开始我和老公觉得不自然，很别扭，现在我们每天上班前回家后都会拥抱亲吻，拉着手看电影，一起去爬山，一起去漂流，一起去烧烤。幸福原来可以这样简单！谢谢有你，杨老师。

——西西

我是 3 个孩子的妈妈，在带孩子方面我很焦虑。自从看了杨老师的课后，我的情绪稳定了，对孩子不再乱发脾气了。杨老师的课程非常好，方法能落地，很有效。在我最焦虑的时候，非常幸运地遇到了杨老师，我会一直跟追随您学习。

——宝妈杨雪

最疼爱我的爸爸和公公相差 60 天相继离我们而去，家里一下子失去了两个亲人，我真感觉天塌了一样，每天痛苦焦虑，晚上失眠，躺在床上以泪洗面，导致乳腺长了结节，甲状腺出了问题。偶然一次机会刷到了杨老师直播间，杨老师耐心地开导了我，我也开启了学习之路，进步非常大。我越来越自信了，慢慢地走出了失去亲人的痛苦。现在和老公的关系相处的也越来越和谐了，对孩子也越来越有耐心了，孩子的学习成绩也提高了很多。非常感谢杨老师，把我从痛苦中救了出来，让我找到了更好的自己。

——曹丽，山西太原

自从跟随杨老师，我养成了早起的习惯，每天早上跟随杨导学习两个小时，收获满满。以前我一干家务总是各种抱怨，现在一回家我就抢着做饭，觉得干家务是一件很幸福的事。以前领导分配给我的工作，我总觉得不是自己分内的事，心里充满愤怒，委屈，各种怨言。现在觉得这是领导给我学习、成长的机会，应该感谢领导。以前生气郁闷时，表情都在写脸上。现在学会了控制、管理自己的情绪，总是对人笑脸相迎，想办法解决问题。以前我很内向，说话太直。现在我学会了表扬，经常赞美自己和他人，跟身边人相处融洽。通过学习，我更自信、更勇敢，也不再抱怨，学会带着一颗感恩的心生活和工作，从中得到快乐。

——张菲，陕西西安

在跟随杨老师学习的过程中，特别是学到婚姻的错误认知时，我发现自己太无知，同时发觉老公对自己是多么包容和爱护。如果我还继续这样作下去的话，我的婚姻不就面临解体了吗？我一边学习一边运用，如今老公明显地感觉到了我的变化，对我也越来越好了（写到此处我是暗自窃喜的，感谢老师）！情商逆商课让我的内心柔软而坚定、遇事不慌，人也变得自信起来了！财商课的学习更让我如饥似渴，我以前完全没有财商的概念，对家庭财务从来没进行过认真规划，通过努力学习，争取未来把家庭财务经营好！感恩杨导！

——四川省自贡市，白夕兰

自从认识杨导以后，我就感觉自己特别忙，每天都有很多功课要学习。老师课程里的方法简单可行，能有效落地。我现在学会了观察他人的微表情和服饰搭配，通过外在的表现看到他人的内心，人际关系也更顺畅了。现在我还特别受孩子们的欢迎，更有亲和力，店里来了小朋友，我会带他们玩游戏，他们每天都想来玩。同时，我也不再乱买衣服，把节省下来的钱都用在学习上。以前我说话过于直白，没有边界感，现在我如果意识到自己"过界"了，就会

直播间的故事

立马改正。以后我要把以前拧巴纠结的时间追回来,丢掉旧我,接纳全新的我。

——陈莉,安徽淮南

我是来自新疆兵团一位普通女性,也是一个 9 岁小帅哥的妈妈。我儿子不到 5 岁时他的爸爸就突发疾病去世了,之后我带着孩子跟着我父母一起生活。这几年我一直觉得很苦很累,脾气暴躁,有时会打骂孩子,还会跟父母吵。家里人都跟我小心翼翼地相处,懂事的儿子经常安慰我、鼓励我,让我勇敢点儿。去年我幸运地通过短视频遇到了杨老师,从此我每天早上 4 点半起床学习、看书、运动、冥想,6 点准时泡在直播间,在群里跟姐妹们互动。现在,我感到自己有能量了,越来越自信了,笑容也越来越多了,跟家人的关系也越来越好了。非常感恩遇见杨文利老师,让我看到生活的希望,让我越来越自信,越来越智慧。儿子说,"我的妈妈是满分妈妈,我非常爱我的妈妈"。

——荣芳,新疆兵团六师

我是幼儿园的一名生活老师,也是两个孩子的妈妈,大娃上高中,小娃上小学。以前的我总是感觉很累,天天有操不完的心,干不完的活!老公又跟我两地分居,所以我总感觉自己都要崩溃了,天天抱怨,吼孩子,甚至打孩子,婆媳关系也很紧张。学了杨导的课,我改变了好多,懂得夸老公了,吵架了也会服软;跟婆婆关系也好了,遇事不会把情绪写在脸上,总是笑脸相迎;还学着理解孩子,跟他们共情。我准备把老师所有的课程学好,把所有的知识都记下来,未来当作成人礼送给女儿,希望她通过学习,学会规划人生,活出自己。

——宋丽,广西南宁

去年我通过短视频认识了杨老师,发现她真是一位智慧的老师,后来看她的直播就更是爱上了她。通过学习我的认知有了翻天覆地的变化。我从小在农村长大，家庭条件也不好，虽然后来通过努力学习走出农村考上事业编，但是内心还是自卑，总觉得自己不如别人，内心胆小懦弱怕事。通过情商逆商的学习，我的人际关系更好了，和人交流时不再胆怯，也不再自卑。工作中该表现的时候也敢于表现了，并得到了领导的认可。学了老师的婚姻课，我才发现其实很多问题出在我身上。我从自身找问题，先从自己改变，换个角度多想老公的好，他发脾气的时候我先不放声，沉住气，等他发完脾气了我再平静地和他交流问题、解决问题。慢慢地他也没有脾气了，越来越好，偶尔闹点小矛盾，他还会提醒我："你怎么跟杨老师学的！这小脾气又上来了？"说完我俩会心一笑，就好了。学了财商课，我就按杨老师教的方法每月工资按比例分计划，该花的花，不该花的就坚决省下来，还学会了进行投资理财。我现在每天都在爱的包围中，幸福感满满。

——梦飞翔，山东烟台

通过跟随杨文利导师的学习，我的情商、逆商、婚姻等方面都有了很大改善。我以前是一个"钢铁女侠"，现在也有了温柔如水的一面。我学会了稳定自己的情绪，对先生、孩子更有耐心了，家庭和谐幸福。我会继续跟随杨老师学习，帮助更多的女性。

——红绿相宜

通过学习老师的课，我每天早上都会对着镜子微笑并赞美鼓励自己，不再自卑。同时，也深刻认识到自己的缺点，用老师讲的方法和老公和解，告诉他我的内心感觉，并且在适当的时候夸奖、赞美老公……由于我的改变，我现在和老公的关系变得融洽幸福！感恩杨老师。

——夏雪，吉林省

直播间的故事

自从跟着杨导学习了大半年以后，我的进步非常大，老公经常夸赞我："提高了一定的个人思想认知水平，看待问题能够更理性更客观了，更是树立了积极向上的人生观。特别是在对子女教育问题上有了足够的耐心，能够用合理有效的方法去引导儿子。"哈哈，好开心，我们的夫妻感情也越来越好了，两个人的心连得很近，这都得益于每天的学习，真的非常感谢我亲爱的杨导师。

——张楷绫

我是一名通过自身努力走出农门，勤勤恳恳的乡村教师，同时也是一个单亲妈妈。我的生活多姿多彩，曾收获过同龄发小羡慕的眼光，也曾见识过别人的不屑一顾和冷嘲热讽。心灵鸡汤文章我看过不少，读时心情澎湃，过后却忘得一干二净，面对生活依然手足无措。直至刷到杨导的直播和课程，让我爱不释手，看得津津有味，看了还想看，每次都有新的收获，并且工作和生活中遇到的问题都能从中找到答案。杨导就是传说中的"百宝箱"，我会坚定地追随您！

——师凤兰，教师，46岁

遇见杨导真好！人间值得拥有！生活像是迷宫，杨导一句"不仅努力还要努心"，点醒了我。对于委屈自我，维护各类人际关系，杨导说："女性情商并非会说话会使别人高兴，而是首先顾自己的内心。"生活中谁都有一地鸡毛的时候，情绪就像龙卷风，怎么可能编织出鸡毛掸子呢？杨导说："情绪是来送信儿的。"越是全心全意待朋友，形同陌路时越是难受无语，杨导说："朋友闺蜜只能陪你走过一段人生路。"是的，我茅塞顿开！我与杨导一眼万年，原来她就在这里！

——陈晓越喜欢林黛玉，47岁，濮阳，档案职员

粉丝真诚感言

遇见杨老师时,我正处于情绪低落状态,和老公沟通不畅,对孩子也没耐心,总是很情绪化。通过学习,我才知道我太自我了,没有同理心,换位思考也不到位。我很快意识到自己的问题所在,当情绪低落或冲动的时候,我能自知自控;在婚姻中也更笃定,学会了闭嘴,只说自己想要的,夫妻间学会互相赞美和鼓励。我会好好追随杨老师,让自己变得越来越强大。

——园园

杨老师的分享太厉害了,每一天我都有收获,能够不断迭代自己的认知,照见自己内心的同时,也看见了别人。现在的我清醒自在,努力为自己而活,绽放自己。让我们不负此生,不留遗憾地去努力学习,成长自己。感恩老师。

——a喵小姐

杨老师的课帮助我走出了困扰了我近30年的原生家庭的问题。我以前怨恨母亲,和母亲一见面就吵架,觉得母亲对我的好都是理所应当的。通过学习,我学会感恩,珍惜与母亲在一起的时光。我们家以前有个很可笑的不平等条约——不论什么时候,夫妻俩起冲突后,必须得我先生先给我道歉。但是,现在我经常主动道歉和好,家里维持了6年的不平等条约也随之废除了。此外,因为先生的工作原因,我们不得不频繁搬家,这也使得我不敢上班,当了3年的宝妈。学习后,我的认知更新了,也突破了自己,并成功应聘到梦寐以求的公司。入职2个月后,还破例和上司去了国外出差,我的社交圈、见识都有了大幅度的提高。遇见杨老师后,我一点点把导师教的方法落实到了生活细节里去实践练习,如今回头一看,我的生活有了巨大的变化。

——生活在海外心系祖国的杨杨,32岁

人海茫茫中,我幸运地遇到了杨文利老师。老师的口才、幽默风趣的

直播间的故事

风格还有她的观点理念都让我折服。老师的课程没有一句鸡汤,全是科学落地的方法,并带领我们运用到生活中去。逆商课让我越挫越勇,怕什么就面对什么,悦纳自己的不完美,跟自己和解;婚姻课教会我想要什么就说什么,亲密关系越来越好。

——兰教瘦,北京

老师的课我连着看了好几遍,把我说醒了——我的人际关系不好,原来都是因为自己太计较、太自我了,是我不够大度,没有为别人考虑。杨老师的课让我觉醒了,真的感谢。

——我爱我家

通过学习老师的课程,我明白了所有好的关系都是需要经营的,特别是婚姻。在我的不断改变和影响下,我和老公的关系越来越亲密,我改变了以前错误的认知,不再斤斤计较,豁达了不少,并学会了主动示好,遇到事都能心平气和的沟通了。我们夫妻更恩爱了,家庭氛围越来越和谐,亲子关系也从鸡飞狗跳变成了母慈子孝。杨老师像一道光照进了我的生活,让我如有拨云见日的感觉。我将勇往直前,追随您的脚步,助力女性成长。

——浅暖

非常感谢遇见幽默直爽的杨老师。我以前是一个忍气吞声的小媳妇,经常被老公打压,干啥啥不行。跟杨老师学习后,听着一个个连麦的故事,感悟自己的人生,一步步试探自己的边界,我的内心也慢慢强大起来了,我老公和16岁女儿都比以前更尊重我了,我感觉心里通透了。虽然生活工作中仍有不少压力,但我坚信所有的事都会被解决的。

——一依

粉丝真诚感言

学习了杨老师的课程，我觉得自己发生了改变，对老公包容了，对孩子的说话方式变了，内心也平静了许多。谢谢杨导博爱的心与每天1小时的课程分享，让越来越多的女性及家庭受益！

——木雁

通过学习，我的情绪没那么急躁了，先处理心情再处理事情，遇到事情会从另一个角度考虑问题而不是钻牛角尖，也懂得了边界感。宝藏杨老师是一个神奇的存在，她把自己活成了一道光，照亮身边所有愿意学习、愿意把自己变更好的女性。感恩遇见！

——淼淼

杨老师的课让人一看就会，这些方法可以直接使用，非常接地气。无论你人生中遇到了什么难题，智慧的杨老师都能为我们清除前进道路上的一切障碍，指引我们走向成功的人生之路！

——终身铁粉·世界因你而美丽

遇见了杨老师后，她每次讲的内容都感觉直戳我心底，就像一束光照到了我，一直温暖着我，感化着我！情商课和逆商课，一口气听下来让我长见识了不少，原来一切问题都是因为自己的认知偏差。我慢慢把自己的内心沉淀了下来，学会了老师说的："困境中要用力生活，顺境中要用心感受。"我特别喜欢杨老师的性格，她活泼灵动且充满智慧，让我刷新了自己的认知，我能感受到杨老师要帮助女性成长起来的那份热情和真诚。感谢杨老师，我会继续好好学习，好好实践，把我的感受分享给更多的人！

——蕾，河南郑州

直播间的故事

在人生至暗时刻,我有幸遇到了杨老师,果断关注后就一直泡在老师的直播间。情商课让我慢慢稳定情绪了,也不那么焦虑了,在看到别人情绪不对时也能闭嘴了。逆商课让我学会了说"不",有了边界感。遇到不顺心的事也能很快调节自己。婚姻课让我意识到自己的好多错误,学会了跟老公要啥说啥,而不是让他猜,自己掉脸色影响全家和谐氛围。女儿在职场中遇到困惑也愿意和我说了,有时还能帮她出个主意。我一开始被杨老师的智慧口才幽默所吸引,时间长了更为她的坚持和毅力所折服。正如杨老师所说,要像山一样做事,像水一样做人。

——candy

我在孩子高考前遇见了杨老师,当时我焦虑不安,只看了一节直播课便拍了情商课。接下来持续的学习让我内心深处产生了巨大的共鸣,仿佛打开潘多拉魔盒一样,焦躁不安的内心也平静下来。我把情商课里的许多方法用在和孩子相处上,收获了孩子的认同。在近知天命的年纪本想躺平,但通过跟杨老师学习,我才知道,不管多大年纪都要不断学习。学习念起,唯恐觉迟。我会继续向内探索,把杨老师教授的方法运用到现实生活中,养德精进。感恩遇见。

——海蓝

以前的我人际关系不好,做事思想不集中,敏感多疑,觉得世界很灰暗。偶遇杨老师后,就试着用她教授的方法,慢慢稳定自己的情绪,不再钻牛角尖,家里多了笑声,生活中多了生机,以前查出的乳腺结节都缩小了。现在的我,能耐心地听儿子规划未来,平静地和丈夫商量家里的大小事务,工作中和同事之间的小矛盾也顺利解决了。感恩杨老师,让我学到在书本上学不到的人生智慧。

——红叶舞秋山,内蒙古锡林郭勒盟

粉丝真诚感言

杨老师非常优秀,每天早上4:30起床,自律学习,陪伴孩子,写书。老师经常说:"学无止境,达者为师,什么时候开始都不算晚。"现在的我每天都很充实,也找到了人生奋斗的目标。我决心跟随杨导做一位女性成长导师,践行女性智慧,更希望通过自己的价值影响更多的女性朋友。

——山东烟台,秦艳红

杨老师的课程帮助我迈入了另一个人生阶段。我之前在一家大企业工作了11年,但我其实并不喜欢这份工作,因为天天加班,周末少休且无加班费。随着年龄的增长,资历的加深,我发现生活没有了盼头,因为缺少对家人的陪伴,感觉亏欠孩子。跟杨老师学习后,老师的诸多金句惊醒了混沌中的我,如"什么时候开始都不晚""任何烦恼请向内检讨""谁痛苦谁改变"等。今年,我提交了辞职申请。虽然部门领导乃至公司高层都找我谈话,极力挽留,我还是坚持离开,并应聘到一家外资企业。跨行业入职不到一个月,我就被正式聘任为部门经理。尽管一切还并不算稳定,但试过了,就无悔。在家庭上,我因为多年顾不上家,老公一直操持着家务和孩子的学习。但是,我因为工作焦虑一直紧盯着他的缺点不放,结果把大家都搞得很累,感情也疏远了。跟着杨导学习后,我看到了婚姻中的错误认知,开始向内求,用爱和行动感染对方。现在我利用碎片时间每天坚持学习,老公也跟着学习亲子课程。我不再强势内耗,夫妻关系越来越好,儿子也越来越棒。感恩遇见杨老师。站在未来,谋划现在。向阳而生,奔向更加灿烂的人生。

——徐誉宸,山东威海

去年,一对燕子飞来并筑巢在我家。年底我学习了杨老师的课程,之后家人、朋友都说我像变了个人似的。今年燕子又来我家筑巢了,还有了小燕子宝宝,它们好像在告诉我:安心跟着杨导学习就是最正确的选择,也会得到更多福报的。杨导开启了我探索女性智慧的大门,让我拥有了女性的智慧。我也决心帮助更多的女性走出困惑,让更多女性受益,让身边幸福的家庭越来越多。

——孙明沁

杨老师打开了我的底层逻辑,颠覆了我的很多认知,刷新了我的理念,化解了原生家庭带给我的创伤。我的改变让老公也享受到当下的幸福,这种神奇的改变,太美好了。谁痛苦谁改变,谁改变谁快乐,谁成长,谁快乐!我每天都在感恩相遇,内心坚定地跟随杨导,体会今后的人生。

——同格力

自从学习了杨老师的课程,我变得开心快乐了,也更自信了。现在的我很容易让自己开心起来,跟身边人的关系也越来越好了。在学习的过程中我爱上了分享,我觉得把快乐传递给他人是一件非常幸福的事情。我也想要真正的帮助到那些正在经历痛苦迷茫的姐妹们,希望能为女性成长事业尽一份绵薄之力。就像杨导说的,用生命影响更多的生命。感恩杨导的大爱付出,让我们的生活变得更美好。

——胡琴,27 岁

自从遇见杨老师,心情和生活发生了很大变化,原来只想改变家人,后来从老师的课程和直播间里学到了,影响并非改变,这样自己心情愉悦了,家里的气氛缓和了,一切都很美好,感谢杨老师!

——怡然自得

有缘刷到杨老师的直播间,与杨老师和各位姐妹们一起度过了每一个清晨，退休后的生活从此变得丰富而有意义。杨老师的利他思维、积极乐观、正直、直爽和无限的正能量时刻感染和激励着我，让我感到生活充满了力量。

——陈波儿

杨老师的课使我感觉生活更有方向感了，方向明确了。以前都是糊里糊涂地混日子，现在我学会了换位思考，情绪来了先不放它出来，不知道怎么办就让子弹飞一会，理性生发才知道如何做才是对的，感恩遇见杨老师，我一定会追随着这道光走向更美好的明天！

——韩

杨文利老师的睿智，爽朗，直白，看透问题的敏锐洞察力，直击我心。感恩她的付出，为女性成长付出心血，唤醒女人的生命认知，活出自我。我一定会追随着她的脚步走向更美好的明天，也希望能影响到更多的姐妹！

——明月，湖北宜昌

之前无意间刷到杨老师的短视频，因为内容太吸引我了，所以果断关注，并且天天观看杨老师的直播。未来会继续努力学习，遇见更好的自己

——星岩，医务人员，37岁

我是一名职场女性，同时也是两个孩子的妈妈。学习了杨老师的情商和逆商课之后，我意识到了自己的问题，并终于下定决心，远离消耗自己能量的人和事。我要过自己的生活，要给到孩子更多的爱和安全感，不能因为父母的错误让孩子受伤害。杨老师的课给了我力量，让我重获信心，坚定地朝着我的目标前进。

——江苏南京，静静的蜕变与女性成长，37岁

我是一名90后的宝妈兼女老板。自从关注了杨老师,我就像着了魔,每天泡在杨老师直播间里,并且觉得自己活得越来越通透。我的终极目标就是成为一名女性成长导师,像杨老师一样,甘为人梯,近我者富,近我者福!

——追颜

通过学习,我才知道真正的高情商和我以为的高情商是两码事,真的是重塑了我的认知。其中让我受益颇多的一句话就是,先处理情绪再处理事情本身,这个在亲子和婚姻关系中都特别好用。杨老师提升了我的认知,让我提升了自我分析的能力。谁痛苦谁改变,谁改变谁成长,谁成长,谁快乐!我也希望自己能影响身边的人,做个"小太阳"。

——得水的鱼

通过学习使用杨老师教授的方法跟老公交流后,我知道老公是爱我的,只是我们的相处模式不对,现在我们的关系越来越融洽。每天上午泡老师直播间,听老师赋能,其余时间跟优秀的姐妹相互学习,成长,内心无比开心,感恩感谢!

——张心静,48岁,江苏苏州

感恩遇见智慧的杨文利导师!就像杨老师分享过的,教是最好的学。一边输出一边输入,和优秀的人学,跟自己比,每天进步一点点,最终会遇见更好的自己。

——河北保定,刘小翠

跟着杨老师学习的这段时间变化最大的就是,我的情绪慢慢平稳了,能好好地和身边人说话了,也能心平气和地跟老公去沟通,勇于说出内心的感受和想法。跟着老师学习,我每天都在进步,我相信自己会越来越好!

——江苏南京,枫叶林,39 岁

自从学习了杨老师的课程,我更新了自己的婚姻观,现在我和老公的相处模式有所改变,大女儿也喜欢和我亲近了。我的情绪稳定了,学会了换位思考,好好沟通。如果没有遇到杨老师的话,我现在的生活多半会鸡飞狗跳,不可收拾。

——浙江绍兴,莹,42 岁

通过跟随杨老师学习,我学会了控制自己的情绪,学会了如何与老公沟通,也学会了"7+1 法则"。我坚信通过我的努力,通过跟随杨老师的学习,我的家庭一定会幸福下去。

——粉丝,央企金融公司,财务部经理,51 岁

杨导真的是我生命中的一道光,照亮了我人生前行的路,让我从此不再浑浑噩噩。我学会了时间管理,遇事不再纠结拧巴,能够与自己和解,与外面的世界和解。

——刘婧,35 岁

感恩遇见杨老师,让我变得自律,自信,我的认知也大幅度提高,拥有了边界感。

——月月

自从遇到杨文利老师,我的内心发生了很大的改变,变得越来越强大,越来越笃定。通过听老师的课,我懂得了婚姻生活是需要用心、用智慧去经

营的,而是不靠着当初那一点脆弱的爱情就可以余生无忧了。人性是趋利避害的,在漫长的婚姻生活中,如果想一直幸福生活下去,我们就要具备让自己幸福的能力,处理好老公和婆家人关系的能力。可这些,对于当初怀揣懵懂走进婚的我们,又有几人具备?婚后,我们也可能拥有过短暂的幸福生活,但很快迎接我们的,就是面对琐碎生活的无奈、无力、忍耐、痛苦。杨文利老师,像一道光,照亮并温暖了我的内心,带领我走进通往幸福婚姻的大门。"学无前后,达者为师",如果不学会游泳,换了泳池还是会溺水。为了让自己能具备幸福的能力,我会在学习的路上一直跟随杨老师走下去。

——匿名粉丝,48 岁

很感恩遇到杨老师,我觉得自己好像有了心理医生,也好像有了方向。每当生活中遇到烦心事不知如何办的时候,听听老师的课,听听群里的姐妹们的鼓励与分析,或者与老师连麦听听老师的意见,心里都能突然舒畅很多,有了力量,真的很喜欢杨老师和群里的姐妹们!

——粉丝

我们女人这一生的必修课题有很多。上到老人、中到夫妻、下到子女、内到自己、外到职场,这些关系我把它理解为是真正需要内外兼修的。在学习婚姻课的过程中,我认真学习做笔记,整个课程反反复复听了3遍,顿时豁然开朗。财商课让我觉得思路清晰,受益匪浅。这堂大课我认真听了2遍并且做了笔记。如果让我用一个字来总结杨老师的课程,那便是"悟"。

——粉丝

杨老师的短视频和直播,让我感觉脑洞大开,原来生活中的问题还可以这样处理,比如怎样让老公哄你、如何和他人沟通等,让我大为受益。我的生活也出现了很大变化，内心平和愉悦了许多。女儿说我，过了这么多痛苦日子，遇到杨老师，才找到解决问题的好办法。感谢人生有您的出现。

——粉丝

虽然今天的我还没有走出所谓的痛苦，还在挣扎，但我敢于挑战、敢于行动，非常努力地生活。我做成了别人认为做不成的事，也看到了周围人惊讶的目光——这些都是因为杨老师给予我的力量。任重而道远，我会一直跟随杨老师，也会一直幸福下去。

——粉丝

杨老师和我之前关注的主播讲课风格迥异，她每句话都能说到我的心坎里，而且是那种直击灵魂的话。我提升了自己的认知，情绪变得稳定，也不再控制孩子们。我会继续积极地学习，让自己变得更优秀，做一个自信，情绪稳定的妈妈，成为孩子的朋友。

——粉丝

仿佛是冥冥之中安排好的一样，在我痛苦难过时，遇见了杨老师。杨老师的课程颠覆了我的三观。杨老师就是我的光，我要跟随光，追逐光，靠近光。

——粉丝

自从遇见杨导以后，让我原本一眼就能望到头的生活，变得积极、有趣、美好起来！感恩遇见。

——粉丝

致真诚感言